78,-
————
48,-   11/98

DIE EROBERUNG
JERUSALEMS
IM JAHRE 1099

THORBECKE

Guy Lobrichon

DIE EROBERUNG JERUSALEMS IM JAHRE 1099

Aus dem Französischen übertragen von Birgit Martens-Schöne.
Ikonographie zusammengestellt von Anne Mensior.

Die Deutsche Bibliothek – CIP-Einheitsaufnahme

Die Eroberung Jerusalems im Jahre 1099 / [Guy Lobrichon.
Aus dem Franz. übers. von Birgit Martens-Schöne]. –
Sigmaringen: Thorbecke, 1998
  Einheitssacht.: 1099 Jérusalem conquise <dt.>
  ISBN 3–7995–0093–6

Titel der französischen Original-Ausgabe:
Guy Lobrichon
1099 Jérusalem conquise
© September 1998, Editions du Seuil, 27 rue Jacob, F-75006 Paris

Titel der deutschen Ausgabe:
Guy Lobrichon
Die Eroberung Jerusalems im Jahre 1099

Lektorat: Peter Donié
Herstellung: Norbert Brey, Sigmaringen
Satz: polyma, Konstanz
Umschlaggestaltung: NeufferDesign, Freiburg i. Br.
Druck und Buchbinderei: Hérissey, Évreux - N° 81723
Printed in France (ISBN 3-7995-0093-6)

Inhalt

Vorwort

Im Jahr der Reinkarnation des Herrn 1099, am fünfzehnten Tag des Monats Juli, nimmt eine große, wenn auch dezimierte Armee, eine Horde von lärmenden und grauenerregenden Rittern und bewaffnetem Fußvolk, die aus dem weit entfernten Frankenreich gekommen ist, die Stadt Jerusalem ein und richtet unter ihren Verteidigern ein scheußliches Blutbad an. Diese militärische Großtat ist der krönende Abschluß einer langen Geschichte, sie ist der Höhepunkt der Geschichte der lateinischen Christenheit. So ist es gesagt, wiederholt, hundert Mal erzählt und wiedergekäut worden. Dennoch sollte einmal erklärt werden, welche tiefere Bedeutung dieses Ereignis hat, das nur eine kriegerische Episode zu sein scheint. Ist es mehr als nur ein Waffengang im ewigen Kampf der Menschen um die Macht, den Besitz der Territorien des anderen, die Versklavung der Völker und deren Unterwerfung unter einen neuen Herrn? Handelt es sich um eine ganz gewöhnliche Eroberung nach dem Vorbild derjenigen, die Alexander den Großen von Griechenland bis an die Ufer des Indus geführt hat, oder wie das zerstörerische Abenteuer des Dschingis Khan in der umgekehrten Richtung? Kündigt es bereits das vorgeblich kulturstiftende Unterfangen der Armeen der französischen Revolution und Napoleons I. an? Sicherlich nicht.

Die Wahrheit ist, daß sich die Horde der Kreuzfahrer unter der Fahne des Kreuzes, einem in den orientalischen Ländern unüblichen Symbol, 1096 mit der eindeutigen Absicht in Marsch gesetzt hat, eine Stadt zurückzuerobern, die den christlichen Völkern heilig war. Welche Stadt ist das nun, der Zufluchtshafen für alle Unglücklichen, das erhabene Ziel einer Suche ohnegleichen? Jerusalem. Wieviele Städte auf der Welt können sich eines solch dauerhaften Bekanntheitsgrades rühmen wie Jerusalem, und für sich allein so viele starke und positive Bilder auf sich vereinen? Das große Babylon ist seit dem alten Israel und in allen Schriften des Christentums das Reich des Bösen. Und es ist untergegangen. Rom könnte

Den Haag, Koninklijke Bibliotheek, 76 F 5 (Ende 12. Jh., Saint-Bertin?; 255 x 165 mm), f° 1r°.

Vom 12. bis 15. Jahrhundert machen die Maler und Chronisten Jerusalem zum Nabel der Welt. Gegen 1180 zeigt ein Flame die Heilige Stadt in Form einer Weltkarte, auf dem Titelblatt einer außergewöhnlichen *Geschichte der Erlösung der Welt* in Bildern. Vom Tor des Heiligen Stephan bis zum Tor Zions beherbergt eine breite Allee die Händleraktivitäten (»Geldwechsel«, »Markt«). Der Tempel nimmt die obere Hälfte des Kreises ein: rechts der Tempel Salomos (die Moschee al-Aksa), und links daneben der Tempel des Herrn und der Tempel der Jungfrau Maria. In der unteren Hälfte treten die Rotunde der Grabeskirche und der Davidsturm hervor. Links (in Wirklichkeit im Nordosten) zieht eine Gruppe von Männern aus dem Tal von Josaphat in Richtung auf den Tempel des Herrn, und der mit Blut besudelte Heilige Stephan betet, die Augen auf einen Himmel gerichtet, in dem derselbe Tempel den Mittelpunkt bildet. Die Malerei lädt zur Meditation ein. Denn die untere Szene, die in einem Viereck isoliert ist, erinnert daran, daß Jerusalem im Zentrum eines spirituellen Kampfes steht: Der Heilige Demetrius und der Heilige Georg, die Beschützer des Kreuzes, verfolgen eine Gruppe von nach abendländischer Sitte bewaffneten Rittern, keine Sarazenen.

Jerusalem seinen Platz streitig machen. Jerusalem aber hat Schlimmeres erlebt als Raub und Zerstörung: das Vergessen und das Schweigen. Rom dagegen hat niemals aufgehört, der Sitz eines irdischen und geistlichen Reiches zu sein. In der ganzen westlichen Welt ist sicherlich Jerusalem mit dem größten Mythos umgeben und trägt den unvergeßlichsten Namen. Noch einmal, warum?

Jerusalem, die Stadt aus Stein und Fleisch, ist in einem Gebiet entstanden, das den Archäologen zufolge seit dreißigtausend Jahren bewohnt ist. In den letzten Jahren des 1. Jahrhunderts, als der Prophet der Apokalypse sich in seinem Buch an die christlichen Gemeinden des Ostens wandte, scheint sie nur noch ein Traumgebilde gewesen zu sein. Einige Jahre genügten, um die Hauptstadt des alten Königreichs von David und Salomo in die Welt der Erinnerung zu verdrängen. Dort erhob sich der Tempel der Juden, in dem das Herz Israels schlug, die Seele der Heiligen Stadt. Dort lebte, litt und starb schließlich Jesus Christus zu Beginn der dreißiger Jahre unserer Zeitrechnung. Die Einwohner von Jerusalem waren daran gewöhnt, daß ihre Stadt durch Gewalt genommen wurde, so auch schon bei der römischen Eroberung Palästinas im Jahre 64 v. Chr. durch die Armee des Pompejus. Im Jahre 70 n. Chr. haben die Legionäre des Titus, aufgebracht über die ständigen Aufstände der Juden gegen die Vertreter Roms auf Vorposten in Jerusalem, die Heilige Stadt geplündert und den Tempel Salomos niedergerissen. Donner und Erdbeben kamen über die Juden, die auf die Straßen des Exils getrieben wurden. In ihrem Niedergang rissen sie die wenigen Angehörigen einer jüdischen Sekte mit, die Anhänger jenes Jesus, der vor fast vierzig Jahren getötet worden war, die das Glück ihres Gottes nirgendwo anders suchen wollten, und die sich mit der alten Stadt verbunden fühlten. Bald verschwand die Heilige Stadt, von ihren Einwohnern verlassen und ohne Substanz, den Tieren der Wüste überlassen und begraben unter Sand, in der Welt der Erinnerung.

Dennoch hielt ein ununterbrochener Strom von Reisenden den Glauben an den früheren Glanz von Jerusalem am Leben, den Glauben der jüdischen Diaspora, über deren Tun und Lassen in diesen weit zurückliegenden Jahrhunderten man viel zu wenig weiß und den der orientalischen Besucher des Patriarchen, des Nachfolgers des Apostel Johannes, des »Bruders des Herrn«. Für die Griechen, die Armenier und sogar für die Kopten behielt das Patriarchat von Jerusalem einen Glanz, der ihm aufgrund seines Alters und seiner überlegenen Stellung in der christlichen Geschichte zukam, aber seine tatsächliche Macht war schon bald dem Niedergang geweiht.

Obwohl seine Vorrangstellung während der Konzilien sowie von den orientalischen Schriftgelehrten respektiert wurde, hatte der Patriarch von Jerusalem vor seinen beiden Paten, dem Patriarchen von Rom und vor allem dem von Konstantinopel, die Waffen gestreckt. Der Zustrom der Pilger hatte ständig zugenommen, von anderen Quellen gespeist als nur von den Untergebenen des Patriarchen. Die Gläubigen eilten, so erzählte man, aus allen Teilen der bekannten Welt herbei. Aber stimmt es, daß sich die Griechen und die Christen des Fernen Orients ebenso zahlreich nach Jerusalem begaben wie die aus dem Abendland? Am Ende des 4. Jahrhunderts zog der heilige Hieronymus († 420) aus, um sich in Palästina niederzulassen, in Bethlehem, nicht in Jerusalem, das nur eine Ansammlung von Bauwerken war, die sicherlich noch grandios, aber dennoch stark in Mitleidenschaft gezogen waren.

Die Stadt, in die ein Pilger aus Bordeaux gegen 330 eilt, dann einige Jahrzehnte später eine Dame aus Spanien, die edle Aetheria, oder die Orte des Heiligen Landes, die der Mönch Adamnan von Hy († 704) beschreibt, wenn auch nur vom Hörensagen, sie sind noch nicht ganz verschwunden. Jerusalem hatte durch die Christianisierung des Römischen Reichs seine Anwälte gefunden. Kaiser Konstantin, der zum Christentum übergetreten war, hatte dort zwei Kirchen errichten lassen, gleichsam als in Stein gehauene Zeugen. Die eindrucksvollste von ihnen ist die, die von den Orientalen Anastasias genannt wird, die Auferstehungskirche; die Lateiner, die präziser, aber weniger optimistisch waren, nennen sie Grabeskirche. Sie wurde 335 feierlich eingeweiht. Die andere ist das Martyrion, das hoch oben auf dem Felsen von Golgatha steht, dem »Schädelberg«, wo das Kreuz aufgestellt worden war, der Lebensbaum, der die von ihrem Gott verlassene Welt retten sollte. Zu diesem Gebäude darf eine schöne Legende nicht fehlen: Von der Kaiserin Helena, der gläubigen Mutter Konstantins († gegen 330), sagte man, daß sie an dieser Stelle Reste des Kreuzes Christi gefunden hatte. Die Zeiten waren günstig für die glückliche Erfindung von Reliquien: Sie bewiesen, daß die Welt ihre Geheimnisse preisgab und sich im Lichte des Christentums entfaltete. Gegen 415 entdeckte man die Leiche des Diakons Stephanus, des ersten christlichen Märtyrers. 455 ließ eine andere Kaiserin, Eudokia, das Kloster des Heiligen Stephanus bauen. Später, im 6. Jahrhundert, errichtete Justinian I., der die kaiserliche Macht wiederherstellte, die neue Basilika der Mutter Gottes. Jerusalem, das auf diese Weise zum zweiten Mal geboren wurde, konnte also nicht sterben.

Und dennoch wird Jerusalem am 20. Mai 614 von den Truppen des sassanidischen Königs Chosrau eingenommen und geplündert. Das löst große

Bestürzung aus: Die Haudegen des neuen Babylon, die persischen Erben des Nebukadnezar, bemächtigen sich der Fahne des Kreuzes, die sie als Trophäe bis nach Ctesiphon mitnehmen[1]. In einer letzten Anstrengung rafft sich das christliche Reich noch einmal auf und erobert den Felsen seiner Träume zurück. 630 oder 631 bringt der Basileus Heraklius, der oströmische Kaiser, feierlich die von den Persern geraubten Reliquien in die Golgathakirche zurück. Ein törichter Triumph, denn ein Jahr vor dem Tod Mohammeds sieht der Kaiser noch nicht die unmittelbar bevorstehende Gefahr! Im Februar 638 muß der Patriarch von Jerusalem, Sophronios, dann die Schlüssel der Stadt an Omar, den zweiten Nachfolger Mohammeds, übergeben.

Was folgte, war nicht selbstverständlich. Jerusalem hätte von seinen Eroberern vernichtet und verstümmelt werden können, doch blieb der Stadt der Juden und Christen dieses Schicksal erspart, weil sie bei den Söhnen der dritten monotheistischen Religion Gnade fand. Tatsächlich erkennt der Koran die bedeutende Rolle von Jesus als Religionsstifter an, ebenso wie den Platz von Jerusalem im heiligen Raum des Islam. 691 stellen die Moslems die majestätische Moschee des Felsendoms fertig und weihen Jerusalem zur dritten Heiligen Stadt des Islam, nach Mekka und Medina. Wer also sollte sich in den Königreichen des Abendlandes aufregen und gegen dieses traurige Schicksal auflehnen, gegen die Annexion protestieren, sich bewaffnen für eine illusorische Befreiung? Die Chronisten der merowingischen Könige äußern sich dazu nicht, wissen vielleicht von nichts. Sie interessiert nur die Geschichte der heiligen Reliquien des Herrn, seines verehrten Kreuzes auf dem Golgathahügel, seines ungenähten Gewandes, das passenderweise am Ende des 6. Jahrhunderts entdeckt und unter großem Pomp nach Jerusalem gebracht wurde[2]. Die Stadt Davids, die in den Händen der arabischen Eroberer ist, entschwindet in die ferne Erinnerung. Was bedeuten von da an die Psalmodien, unnütze Gebete, der Söhne des alten und neuen Israel? Die Christen wissen, wo die ewigen Tempel der Weisheit liegen: in Konstantinopel und auch in Rom.

Denn der Fall Jerusalems brachte Konstantinopel Glück; ebenso Rom, das bis zum 7. Jahrhundert nur ein Patriarchat unter vielen war. Befreit vom Ballast der orientalischen Dominanz, deren Zeit vorüber war, erhoben sich die Völker aus den Trümmern des westlichen Reiches und bemächtigten sich einer Welt, die ihnen allein gehören sollte. Sie wägten die Chancen Konstantinopels ab, zögerten lange Zeit und kamen schließlich zu dem Schluß, daß Jerusalem nur noch ein Reich des Traumes sein konnte. Römer, Franken, Angeln und Sachsen wandten ihren Blick allmählich ab; sie wußten, daß die Sache des christlichen

Jerusalems im 8. Jahrhundert verloren war. Als am Abend vor Weihnachten des Jahres 800 Karl der Große und der Papst in Rom mit den Abgesandten des Patriarchen von Jerusalem zusammentrafen, die gekommen waren, um ihnen in einer symbolischen Ehrbezeugung die Schlüssel und das Banner der Stadt zu Füßen zu legen, kamen sie nicht einen Moment lang auf den – im übrigen unsinnigen – Gedanken, den Krieg in einen so weit entfernten Landstrich zu tragen. Dagegen ließen beide von ihren Schreibern die Ehre verzeichnen, die ihnen von so weither zuteil geworden war. Ob es eine erfundene Geschichte ist oder nicht, ist an dieser Stelle unwichtig, die Begebenheit zeigt allen die Vorherrschaft Roms und des Kaiserreichs, an dessen Spitze Karl in der Weihnachtsnacht tritt. Jerusalem wird nur noch ein symbolischer Ort sein, am Rande der bekannten Welt, aber außerhalb der tatsächlichen Reichweite. Die Stadt hat indessen den Besitzer gewechselt, von den omaijadischen Kalifen zu den Abbasiden, und keiner hat sich darüber aufgeregt, Karl der Große nicht mehr als irgendein anderer christlicher Herrscher. Unterhält nicht Karl der Große sogar die besten Beziehungen zu den Kalifen von Bagdad, mit Harun al-Rachid, der ihm einen herrlichen Elefanten zum Geschenk gemacht hat, um seine Menagerie zu bereichern?

Pilger aus dem Abendland besuchen weiterhin die Heilige Stadt. Ohne bis zu dem fränkischen Bischof Arnulf zurückzugehen, der sich gegen 670 dorthin begibt, oder zu anderen[3], deren Schicksal eher im dunkeln liegt, soll hier von Willibald, dem zukünftigen Bischof von Eichstätt, die Rede sein, der in seinem *Hodoeporicon* von der Reise erzählt, die er in den Jahren 722 bis 729 nach Jerusalem gemacht hat. Die Bewegung der Pilgerfahrten nach Jerusalem nimmt im Laufe des 10. Jahrhunderts erheblich zu. Die byzantinische Flotte kontrolliert tatsächlich wieder das östliche Mittelmeer, während das abbasidische Kalifat Anzeichen von Schwäche zeigt. Die Landverbindungen von Westen nach Osten durch Europa, durch Ungarn und Belgrad oder über die Via Egnatia von Durazzo nach Konstantinopel, werden dank der Bekehrung der zentral- und osteuropäischen Könige zum Christentum und dank der Annexion des gesamten Balkans durch das byzantinische Kaiserreich unter Basileus Basileios II., dem »Bulgarenschlächter«, wieder begehbar. Auch die Flußwege zwischen dem Baltikum und dem Schwarzen Meer öffnen sich und führen die Waräger und Skandinavier bis nach Palästina. Die schwäbische Gräfin Hilda stirbt während ihrer Reise im Jahr 969 und im darauffolgenden Jahr hält sich die Herzogin von Bayern, Judith, die Schwägerin des Kaisers Otto des Großen, in Jerusalem auf.

Die schweren Schäden, die der Grabeskirche 1009 auf Befehl des fatimidischen Kalifen al-Hakim (996–1021) zugefügt wurden, führen zu einer Zunahme der Pilgerzüge der Fürsten und Prälaten. Der byzantinische Kaiser Romanos III. verhandelt mit den Nachfolgern al-Hakims über ihren Wiederaufbau. Konstantin IX. nimmt den Wiederaufbau dank der Zölle, die er eigenmächtig von den Pilgern erhebt, zwischen 1042 und 1048 in Angriff. 1065 führen deutsche Bischöfe ein Geleit von ungefähr siebentausend Mann dorthin, das fast die Größe einer Armee hatte[4]. Im Jahr 1070 gründen die Händler von Amalfi in der Stadt ein Hospiz, das dem heiligen Johannes vom Spital geweiht ist.

WARUM JERUSALEM?

Jerusalem behielt weiterhin seine Anziehungskraft, aber was bedeutete es fortan für all die Pilger, die sich dort am Ende einer frommen Reise drängten? Bedurfte die Erinnerung an das Urchristentum noch der Verankerung in dieser Stadt, die so viele Jahre schon verlassen, wenn nicht gar vergessen war? Warum verwandelte sich der friedliche Strom der Reisenden in eine brüllende und tödliche Woge, warum wurde der Pilger zum Krieger? Und in wessen Namen sollte man für Jerusalem sterben? Warum nahm diese Stadt soviel Platz ein, mehr als die anderen, in der gemeinsamen Erinnerung der abendländischen Welt? Wie ist man auf die Idee gekommen, Jerusalem denjenigen wegzunehmen, die es seit fünfeinhalb Jahrhunderten besaßen, warum wünschte man später immer wieder dorthin zurückzukehren, mit dem Risiko, einen von Katastrophen gesäumten Weg zu gehen, um dorthin zu gelangen? Das Hochmittelalter zwischen dem 10. und 11. Jahrhundert liefert den entscheidenden Schlüssel für das Verständnis dieses seltsamen Abenteuers. Tatsächlich widerfuhr Jerusalem im Jahr des Heils 1099 eine glänzende Rückkehr in die Geschichte des westlichen Europas. Seitdem beschäftigte es unablässig die Phantasie. Nachdem es 1187 vom berühmten Saladin wiedererobert worden war, verloren es die Bewohner des Abendlandes endgültig im Jahr 1244. Doch diese gaben keineswegs auf, es zurückzugewinnen. Ein Versuch folgte auf den anderen, sie reihten sich aneinander, ein erfolgloser oder abgebrochener Kreuzzug nach dem anderen, von 1189 bis 1192, von 1202 bis 1204, von 1217 bis 1221, von 1228 bis 1229, von 1248 bis 1254, im Jahre 1270... Nichts fruchtete. Die beste Erklärung dafür wäre, daß die kriegerische Energie im Laufe der Zeit erlahmte. Aber zweifellos muß man auch andere, tiefere Gründe in Betracht ziehen.

BILDER UND
GESCHICHTSSCHREIBUNG

Diese eigenartige Geschichte könnte man in einfachen Worten erzählen. Während ich mich be-
mühe, sie niederzuschreiben, ist mir bewußt, daß
den gebildeten und rationalen Konstruktionen
der Historiker glücklicherweise eine andere Geschichte gegenübersteht – das
mittelalterliche Bild, das aus der Zeit der Eroberung Jerusalems und der folgenden Jahrhunderte stammt und ebenso dicht und knapp, und nicht weniger überzeugend ist. Es spiegelt die abendländische Vorstellungswelt, die sich in Darstellungen der Heiligen Stadt Jerusalem flüchtet, in Illustrationen seiner
Rückeroberung durch die Christen oder in Heldenlieder, in denen Kreuzzüge
über Jahrhunderte besungen werden. Den illuminierten Bibeln oder den gelehrten Chroniken entnommen, erzählen diese Bilder die erhabene Geschichte des
auserwählten Volkes, die des alten Israel und die des neuen Jerusalem. Stammen
sie aus Atlanten und Weltbeschreibungen, bezeugen sie den wundervollen karto-
graphischen Traum der Gelehrten des Abendlandes. Sind sie den Büchern entlie-
hen, die Könige, Fürsten und die Familien der kriegerischen Aristokratie bestellt
hatten, verherrlichen sie das Andenken an die Heldentaten der Vorväter ebenso
wie sie die Gefahren ihrer eigenen Zeit offenbaren. Wenn sie aus der profanen
Literatur stammen, enthüllen sie die anderen Dimensionen der abendländischen
Suche nach dem Ideal. Diejenigen, die uns die illustrierten Bücher der Gegenseite hinterließen, sind nicht weniger erbaulich. Alle diese Bilder, die hier in
chronologischer Reihenfolge genannt werden, gestalten die Geschichte in einer
Weise, die nicht immer allgemein geteilt wird. Alle bereichern die Geschichte
der Menschheit auf andere Weise als die Erzählungen, sie resümieren und symbolisieren in einem Grad, wie ihn die literarische Schöpfung nicht in gleicher
Weise anstrebt.

Die Geschichte der Eroberung Jerusalems im Jahre 1099 ist uns durch die
Spuren der Archäologie überliefert, die im Nahen Osten zahlreich sind, von den
Burgen der Ritter zu den Kirchen in Jerusalem, daneben aber auch durch zahl-
reiche Schriften. Man könnte also erwarten, sie in einer reichen bildlichen
Dokumentation erzählt zu finden. Leider, und dieser Umstand ist verwunderlich,
scheint es keine Ikonographie der Kreuzzüge zu geben. Dennoch existieren
Bilder. Sie erhalten einen tieferen Sinn, wenn man sie zu der immensen Literatur

in Beziehung setzt, die aus den Ereignissen hervorgegangen ist, die mich hier interessieren.

Der erste Kreuzzug hat nämlich im Abendland zu einer literarischen Blüte ohnegleichen geführt. Der peloponnesische Krieg hatte seinen Thukydides, die Anabasis einen Xenophon, der Krieg der Gallier seinen Cäsar. Etwas bescheidener wurde die Eroberung von Italien durch die Goten von Jordanes beschrieben, und Paulus Diaconus erzählte die große Geschichte der Langobarden. Aber diese offiziellen Geschichten bleiben auf sich allein gestellt: Was wüßten wir ohne sie von all diesen Epochen? Im Gegensatz dazu inspiriert der Kreuzzug von 1096–1099 in nur dreizehn Jahren, bis 1112, acht ausgesprochen weitschweifige Autoren. In der Generation, die dieser wunderbaren Blütezeit folgt, übernehmen gegen 1125 und 1130 zwei Chronisten das Ruder: Ekkehard von Aura und Albert von Aachen schreiben jeweils eine »Geschichte der Expedition nach Jerusalem« (Historia hierosolimitana). Dann folgt die Darstellung, die viele für die bedeutendste halten, die des Wilhelm von Tyrus. Ich habe dennoch nur die acht ursprünglichen Geschichten des Kreuzzugs berücksichtigt, die ich erwähnt habe. Sie sind zwischen 1099 und 1112 entstanden, von Schriftstellern, über deren Qualität man zweifellos streiten kann, die im literarischen Urteil der Zensoren seit dem 19. Jahrhundert auf jeden Fall als oftmals betrüblich eingestuft wurden. Dessenungeachtet machen diese Autoren innerhalb ihrer Generation eine gute Figur, weil jeder von ihnen das Material für eine ausgesprochen reiche und dichte Darstellung zusammenzutragen wußte. Ich nenne sie in der chronologischen Reihenfolge, der in meinen Augen sichersten.

Hier zunächst ein weltlicher Ritter, dessen Namen wir nicht kennen, der aus dem normannischen Italien stammt; dieser Mann, den ich den »normannischen Ritter« nennen werde, schreibt zwischen 1099 und 1102 Gesta der Franken. Unmittelbar darauf, wenn nicht sogar zur gleichen Zeit, redigiert Raimund von Aguilers die Geschichte der Franken, die nach Jerusalem zogen, im Auftrag seines Herrn Raimund, Graf von Toulouse und Saint-Gilles, dessen offizieller Kaplan er ist; es handelt sich also bei diesem Autor um einen Priester. Petrus Tudebodus aus dem Poitevin, ebenfalls Priester, schreibt in denselben Jahren Gesta der Franken und der anderen Pilger nach Jerusalem. Er läßt sich nur schlecht einem bestimmten Kreis zuordnen, aber er scheint der Rittergruppe im Dienste des Herzogs von Aquitanien und Grafen von Poitiers nahezustehen. Sein Herr hat es nicht für klug befunden, selbst zum Kreuzzug aufzubrechen, er wartet lieber ab, bis seine Ritter und die anderen Krieger den Weg freigeräumt hätten. Der vierte Informant ist wieder ein Priester, Fulcher von Chartres: Im Dienste des Grafen Stephan von Blois und Chartres stehend, wechselt er im Verlauf der Expedition zum Anhang des Grafen Balduin von Boulogne über, dem Bruder von Gottfried von Bouillon. Er erzählt seine Sicht der Dinge in der *Geschichte des Weges nach Jerusalem*, eine bis zum Jahre 1127 fortgeführte Geschichte des Kreuzzuges; das erste Buch, seine ursprüngliche Niederschrift, wird gegen 1105–1108 veröffentlicht.

Der fünfte Autor ist Robert, ein Mönch von Saint-Remi in Reims, der seiner Abtswürde verlustig ging, weil er nicht begriffen hatte, was von den Mönchen der neuen Generation erwartet wurde; so findet er zwischen 1105 und 1107 Zeit, um die *Historia hierosolymitana*, seine Geschichte der Expedition nach Jerusalem, zu schreiben. Ein anderer Mönch, Balderich von Bourgueil, macht sich zur gleichen Zeit wie Robert an die Arbeit; er ist ein berühmter Gelehrter, der im Westen Frankreichs hoch im Kurs steht. Der siebte, wieder ein Mönch, ist der erstaunliche Guibert von Nogent, der bald durch seine außergewöhnliche Autobiographie bekannt wird, die ein seit Jahrhunderten vergessenes Genre wiederbelebt. Er beendet zu Beginn des Sommers 1109 eine umfangreiche Geschichte der *Taten Gottes, die durch die Franken vollbracht wurden,* die nichts anderes ist als eine grandiose Schilderung des Kreuzzugs. Der letzte, der mich beschäftigen wird, ist Radulf von Caen: Dieser ausgesprochen gebildete Laie, ein Normanne aus dem Norden, hat sich einem der normannischen Fürsten Italiens angeschlossen und sich dann im Dienste von Arnulf, seinem ehemaligen Meister an der Schule von Caen, der Patriarch von Jerusalem geworden war, im Heiligen Land niedergelassen. Diesem überreicht Radulf 1112 seine *Gesta des Tankred,* eine Würdigung der Heldentaten der Normannen, insbesondere eines Normannen, Tankred von Hauteville, dem berühmten Ritter aus dem Süden Italiens.

Acht Männer, acht Gesichter mit sehr markanten Zügen, die ich drei Personenkreisen, oder besser gesagt Eliten, zuordnen möchte, die die Gesellschaften des Abendlandes dieser Zeit, um die Jahreswende des Jahres 1100, prägen. Zwei Laien, drei Kleriker, drei Mönche. Am Anfang und am Ende der Reihe stehen zwei Laien, zwei Normannen – und das ist kein Zufall: Sie repräsentieren die neue Notariatskultur Süditaliens, die ein hervorragendes Niveau erreicht hat und die bereits von Palermo aus beginnt, die nichtchristliche Welt zu inventarisieren. Beide illustrieren den neuen Austausch zwischen Nord und Süd sowie Ost und West. Als Männer des Nordens, zugleich aber Einwanderer in die eroberten Gebiete Italiens und Siziliens, empfinden sie eine tiefe Abneigung gegenüber den Franken des kapetingischen Königreichs und vor allem gegenüber den Männern des südlichen Frankreichs.

Die sechs Vertreter der Kirche, die zwischen den beiden Normannen ihre Werke verfaßten, stammen alle aus dem kapetingischen Königreich. Man versteht, warum die Männer des Ostens bald die Hilfe einer zweiten Generation von Chronisten aus dem Deutschen Reich erbitten werden, um den unerfreulichen Eindruck zu korrigieren, den die Aufschneidereien dieser Westfranken im Kaiserreich hinterlassen haben. Unter diesen kann man zwei kirchliche Gruppen unterscheiden: Weltliche Geistliche und Mönche, und zwar aus dem einfachen Grund, weil es äußerst unangebracht ist, Männer, die an die Welt glauben und in den Herzen der Städte leben, über einen Kamm zu scheren mit anderen, die nicht an sie glauben und sich aus ihr zurückgezogen haben. Die drei Priester, Raimund von Aguilers, Petrus Tudebodus und Fulcher von Chartres, alle drei direkte Zeugen des Kreuzzuges, sind weltliche Geistliche. Ihnen haben einige adlige Herren, die am Kreuzzug teilgenommen haben, zwischen etwa 1099 und 1105 die grundlegende Aufgabe übertragen, dieses Ereignis der Nachwelt zu überliefern.

Diese Männer des ersten Schubs der Kreuzzugshistoriographie heben also die Standpunkte ihrer ethnischen und politischen Gruppe hervor. Sie handeln und beurteilen nach den Regeln, die in den traditionellen Fürstentümern, in denen man sich gegenüber der Macht der Könige und Päpste, die zu weit entfernt war, widerspenstig zeigte, üblich waren. Es folgen gegen 1105–1109 drei Mönche. Robert von Reims, Balderich von Bourgueil und Guibert von Nogent haben nicht selbst am Kreuzzug teilgenommen. Sie denken in der Abgeschiedenheit ihres Klosters über das Abenteuer nach. Dennoch leben alle drei in den Turbulenzen und Stürmen einer in Gang gesetzten Kirchenreform, die von den Abgesandten des römischen Papstes, die selbst aus Klöstern stammen, vorangetrieben wird. Der zweite Schub der Kreuzzugshistoriographie ruht also vollständig auf den Schultern von Männern, die, manchmal eher widerstrebend, den neuen Ideen der Römer anhängen.

Acht Autoren: einerseits Augenzeugen, Akteure und direkte Zuschauer, andererseits professionelle Ermittler, beauftragt oder freiwillig, fern von den Ereignissen. Der Historiker, der daran gewöhnt ist, denjenigen zu vertrauen, die gesehen und gehört haben, entscheidet sich zu oft, nur ersteren zu folgen, unter Mißachtung der Autoren aus zweiter Hand, in denen er nur noch Apologeten sieht. Dennoch sollte man sich in Acht nehmen, die einen wie auch die anderen auszuklammern. Denn zwei Überlieferungen ergänzen einander und formen zusammen die eigentliche Geschichte. Eine »kalte« Überlieferung, eine »warme« Überlieferung. Die erste verzeichnet die Taten und Ereignisse: ganz selbstverständlich überdenkt sie sie und beschreibt sie neu; sie bewahrt sie über die Jahrhunderte; sie fließt besonders gern in die sogenannte historische Literatur ein. Die »warme« Überlieferung drückt sich im Mittelalter in Liedern und Bildern aus; sie nimmt Gestalt an, bereichert und ausgeschmückt durch die Geschichten der heiligen Bücher: die Bibel der Juden und der Christen sowie der Koran der Feinde; sie zieht ihre Substanz auch aus den geistigen Kodizes, seien sie religiös oder aristokratisch, vom Glauben oder von der Treue, von der Liebe, vom Krieg und vom Tod. Ihre jüdische Version sagt, daß Jerusalem der Tempel Salomos ist, dort, wo die Bundeslade und die Gesetzestafeln aufbewahrt werden. Die christliche Version möchte die Gleichgültigkeit vertuschen, die sie einem Jerusalem gegenüber empfindet, das herabgewürdigt wurde durch die Ablehnung, die es dem Retter gegenüber gezeigt hat; sie läßt das gottlose Jerusalem den Preis für den Verrat an Jesus bezahlen, und seit dem Ende des 1. Jahrhunderts unserer Zeitrechnung ersetzt sie das historische Jerusalem durch die himmlische Stadt der Apokalypse.

Die »kalte« Überlieferung beschreibt, und man könnte glauben, daß dadurch Emotionen unterdrückt werden sollen. Tatsächlich nehmen die Historiker der zweiten Generation die erwartete Berichtigung in Angriff. Aber die Abenteurer des Kreuzzuges, die den Fakten sehr nahe stehen, sind weit davon entfernt, eine eng begrenzte, ausschließlich an den Fakten orientierte Perspektive zu beschreiben. Sie haben sie mit Phantasiegeschichten umgeben, und zwischen diesen finden die Leser wieder den Lauf einer mächtigen Geschichte. »Warme« und »kalte« Überlieferung unterstützen sich also gegenseitig darin, nicht mehr nur einfach Fakten, sondern universelle Bedeutungen auszudrücken; sie grübeln, sie bemühen sich, über Leidenschaften hinauszugehen und rechtfertigen die Aufgabe dieses Projektes. Jerusalem, das dank einer herrlichen Legende wieder in die Geschichte zurückgekehrt ist, wurde schon sehr bald in die spirituelle Vorstellungswelt zurückgedrängt. Alles in allem ist es dieses Paradox des unmöglichen Jerusalem, das dieses Buch durch Worte und Bilder erhellen, darstellen, in Szene setzen möchte, basierend auf den Schriften der dem ersten Kreuzzug am nächsten stehenden Personen sowie auf den prachtvollen Bildern, zu denen diese unvergeßliche Expedition vor neunhundert Jahren geführt hat.

Sicut Rex alexander itauit in ierlm.
... gramaton. Seā pcep
... fua stare. Et ille folus habi
... ac ĕos. Et pieat se de equo in
... em ꝫ nom̄ adorabat. Et ꝓti
ficā ḟdotū ueneiat eſt. Et stati
ꝯ uidei una uoce. cepiūt alexā
drū ḟluitare dicentes. uiuat in
uat ꝛex alexādꝛ. Uidentes eni h re
ges fyrie oꝓstupe facti mirabant
Quidā uō ex pncipibꝰ eꝯ cui nom̄
erat parmenion intogauit cum
dicens. Maxime impator cur oī
bus te adorantibꝰ ipſe adorasti solū
pontificē iudeoꝛ ḟdotē gentibus
uere. Cui alexādꝛ ꝛ. Nō hē adora
ui ſꝫ ari cui pontificatu ḟdoti
fac eſt. Nā pñtem michmodi ha

Hnc cū spexi cū. cū eōm ad
huc in macedonia ꝛ cogitaſ
sem ꝺuiio meo quē ꝺ mo
ꝺuū aſiae potuiſſeꝫ uitā in
atabat me nequā neglie
gēꝫ. ſꝫ ꝓ ſtētem ꝺisire. nam
et ſemp ꝺuctuꝛū se meū
tꝛactabat exercitū ꝫ ꝓſarū
acquiritū potentiā. ſtoq;
nemine uidi aliū in tali
habitu cui aimū aduiſseꝫ
dibē uiſiois nocte me
moriā ſalutaui exinde
arbitꝛoꝛ ꝺiuino numiie
mediantū uictū ꝫ uirtutē
ꝓſarū soluē ꝫ oia quē meꝯ
animus spat puenta ēē cū
ſiꝺo h ꝺicēs ingꝛessus ꝫ cū sac
ꝺotibꝫ in ciuitate. Et intuiit
in templū ꝺi ꝛꝺo uictimas in
mobabat ſecꝉm ſacerdotis ostē
sionem. Oblato uō ei ſacꝺos uo
lumie ꝺaniel inquo erat ſcꝛi
tū. Quecā greꝯꝛ subiugatoꝛ
potentā ꝓſar. arbitat ē se ipꝫ
ēē quē ſcꝛiptura significabat et
gauiſus est. Sractꝰ ao puaſi
cem ꝫao reliquos ſacerdotes
multa ꝺonauit. Et misſit eos
petei q̄ uellet. ꝫ donaꝛeꝫ ac
cipe. pontifex q̄ uideoꝛ petiuit
dicēs. liceat nob ꝑfar uti legibꝫ
ꝫ ſeptimū ānū ſin tributo ēē
inuaret. Oia ꝯceſſit. dinꝫ ꝓſti
laui ut iudeos ibabyloniā et

Selbstdarstellung

An den Herrn Papst der Kirche in Rom, an alle Bischöfe und an alle gläubigen Christen, ich, Erzbischof von Pisa, mit den anderen Bischöfen, dem Herzog Gottfried, durch Gottes Gnade heute Verteidiger des Heiligen Grabes, Raimund, Graf von Saint-Gilles und die ganze Armee Gottes heute auf dem Boden Israels, ich grüße Euch und bete für Euch. Vervielfacht Eure Hymnen und Gebete, lacht und tanzt vor dem Herrn, denn Gott hat uns seine große Barmherzigkeit bewiesen, indem er uns zugestanden hat, was Er uns schon in alten Zeiten versprochen hat. Nachdem sie Nikäa eingenommen hatte, hat die ganze Armee ihren Weg fortgesetzt, mit mehr als dreihunderttausend Mann. Diese Vielzahl konnte das ganze griechische Reich besetzen, an einem einzigen Tag das ganze Wasser aller Flüsse trinken und die Felder bearbeiten, und dennoch hat der Herr sie in einen solchen Überfluß geführt, wo man einen Ziegenbock für nicht einmal einen Denar kaufte oder ein Rind für zwölf. Abgesehen davon haben sich die Fürsten und Könige der Sarazenen gegen uns erhoben, aber durch den Willen Gottes konnten sie leicht besiegt und vernichtet werden. Nach all diesem Glück wollte Gott die Hochmütigen bestrafen und hat auf unseren Weg Antiochia gelegt, eine durch menschliches Vermögen uneinnehmbare Stadt. Er hat uns neun Monate mit ihrer Belagerung zurückgehalten, Er hat uns gedemütigt, indem Er sie uns hat umzingeln lassen, bis unsere Besten ihre Überheblichkeit heruntergeschluckt hatten. Wir waren soweit erniedrigt, daß man in unserer ganzen Armee nicht einmal mehr hundert gute Pferde finden konnte. Dann hat uns Gott die Schätze Seines Segens und Seiner Barmherzigkeit gewährt. Er hat uns in die Stadt geführt und die Türken und alle ihre Habe in unsere Macht gegeben. Vielleicht haben wir die Eroberung unserem eigenen Verdienst zugeschrieben, vielleicht haben wir den Gott nicht würdig genug gepriesen, der sie uns gewährt hatte: Wir wurden also von einer so großen Zahl von Sarazenen belagert, daß es keiner mehr wagte, die Stadt zu verlassen. Der

Paris, Bibliothèque nationale de France, lat. 8501 (gegen 1300, Süditalien; 245 x 175 mm), f° 11v°.

Niemals vergessen, nicht einmal auf der Höhe der Macht der Kalifen, niemals mehr Hauptstadt, denn Jesus hatte sie verflucht, ist Jerusalem dennoch in der Phantasie von den Fürsten und Königen der Legende besucht worden, von Nebukadnezar, Kyrus, Alexander dem Großen, Pompeius, bis hin zu Karl dem Großen. Pseudo-Kallisthenes und seine mittelalterlichen Nachahmer, Dichter von Alexander dem Großen, einem Monarchen, der in seiner Epoche ebenso berühmt war wie Karl der Große, konnten es nicht versäumen, eine ebenso schmeichelhafte wie konventionelle Episode zu erzählen. Hier sehen wir Alexander den Großen wie er auf seinem Feldzug nach Indien in Jerusalem Station macht; er wird vom Hohen Priester begrüßt, der als ein Bischof mit Mitra dargestellt wird.

19

Hunger breitete sich in der Stadt aus, man schreckte nur gerade eben davor zurück, menschliches Fleisch zu essen. Aber es würde zu lange dauern, die Leiden zu erzählen, die man in dieser Stadt litt. Der Herr betrachtete sein Volk, und Er tröstete diejenigen, die Er so lange gequält hatte. Deshalb, als Entschädigung für alles Übel, hat Er uns zunächst das Pfand unseres Sieges gewährt, seine heilige Lanze, ein Geschenk, das seit der Zeit der Apostel verschwunden war. Dann hat Er die Herzen der Männer erwärmt: Denjenigen, die Er durch Hunger und Krankheit bewegungslos gemacht hatte, gab Er die Kraft ein, die Waffen zu ergreifen und heldenhaft zu kämpfen. Wir haben über unsere Feinde triumphiert, aber der Hunger und die Untätigkeit haben danach die Armee in Antiochia geschwächt. Wir sind wieder nach Syrien aufgebrochen, vor allem wegen des Streits zwischen den Fürsten, wir haben mit Gewalt die sarazenischen Städte al-Bara und Ma'arrat genommen und die Burgen in der Gegend erobert. Wir bereiteten uns darauf vor, dort zu warten, aber der Hunger in der Armee war so groß, daß die Christen die sich schon zersetzenden Kadaver der toten Sarazenen aßen. Dann, wie auf eine Warnung des Herrn hin, sind wir bis nach Persien vorgedrungen, und mit uns war die sehr großzügige, barmherzige und siegreiche Hand des Allmächtigen Vaters. Die Bürger und die Burgherren der Gegend, in der wir uns bewegten, schickten uns mit Geschenken überladene Boten, sie zeigten sich bereit, sich zu unterwerfen und ihre befestigten Burgen zu übergeben. Weil unsere Armee nicht mehr zahlreich war und es alle eilig hatten, nach Jerusalem zu kommen, haben wir die Garantien akzeptiert und sie zu Tributzahlungen verpflichtet. Obwohl jede dieser zahlreichen Städte, die am Ufer des Meeres lagen, mehr Einwohner hatte, als in unserer Armee Männer waren, so zeigten die Beispiele von Antiochia, Laodikäa und Rohas [Edessa], daß die Hand Gottes mit uns war; viele aus der Armee, die dort unten geblieben waren, stießen in Tyrus wieder zu uns. Auf diese Weise war Gott unser Führer und wirkte mit uns, und wir sind vor Jerusalem angekommen. Während der Belagerung der Stadt hat die Armee viel gelitten, vor allem unter Wassermangel. Wir haben also Rat gehalten: Die Bischöfe und die Fürsten haben angekündigt, daß man in einer Prozession die Stadt barfuß umrunden werde, damit Er, der dort für uns in aller Demut Einzug gehalten hatte, sie uns angesichts unserer Demut Ihm gegenüber öffnet, um dort Seine Feinde zu richten. Der Herr nahm unsere Demut an. Acht Tage nach unserer Demutsbezeugung hat Er uns die Stadt mit Seinen Feinden übergeben, genau am Jahrestag des Tages, als die Urkirche aus ihr vertrieben wurde und als zahlreiche Getreue das Fest der Aussendung der Apostel feierten. Und wenn Ihr wissen wollt, was man mit den Feinden gemacht hat, die man hier gefunden hat, so wisset, daß unter dem Tor des Salomo und in seinem

Tempel die Unsrigen im Blut der Sarazenen ritten, das den Pferden bis zu den Knien reichte ... [Es folgt die ausführliche Schilderung der letzten Schlacht von 1099, in Askalon].

Jerusalem wurde von den Christen im Jahr des Herrn 1099 eingenommen, an den Iden des Juli, an einem Freitag des Jahres 7 der Indiktion, im dritten Jahr nach ihrem Aufbruch. Ihre erste Schlacht fand an der Brücke des Flusses Farfar [Orontes, in Syrien] statt, wo zahlreiche Türken getötet wurden, am 9. Tag der Kalenden des März. Die zweite Schlacht am 3. Tag der Nonen des März in Nikäa, wo die Heiden besiegt wurden. Ihre dritte Schlacht fand am 4. Tag der Kalenden des Juli in Antiochia statt, hinter der Lanze des Herrn, die man gerade gefunden hatte. Die vierte fand an den Kalenden des Juli statt, als die Türken in der Romania geschlagen wurden. Ihre fünfte Schlacht fand an den Iden des Juli statt, als, nach neununddreißig Tagen der Belagerung, Jerusalem eingenommen wurde. Die sechste Schlacht fand am 4. Tag der Kalenden des August gegen den König von Babylonien in Askalon statt; hunderttausend Ritter und vierzigtausend Mann Fußvolk wurden hier besiegt und vernichtet durch die kleine Armee der Christen. Gnade sei dem Herrn[5]. [Ende dieses Briefes.]

Die Proklamation ist enthusiastisch, großsprecherisch und überschäumend vor Zufriedenheit. Sie klingt überlegen, wie alle diese Bekanntmachungen, die die Stabschefs nach offenkundigen Siegen zurechtzustricken wissen. Der Jubel der Anführer und der Krieger macht sich hier Luft, an diesem Jahresende 1099, am Ende des ersten Kreuzzuges, das heißt, am Ende des langen Weges, der sie von Westeuropa bis auf den Boden Israels geführt hat, in das Heilige Land des Monotheismus. Die Absender berichten in glühenden Worten von einer gut durchgeplanten und triumphierenden Expedition; sie wollen glauben machen, daß sie alle ihre Ziele erreicht haben. Ihrem Sendschreiben zufolge ist eine Armee, die offenbar von einem italienischen Erzbischof, einem Fürsten des Nordens und einem Grafen Südfrankreichs geführt wurde, also zweifellos ziemlich bunt zusammengewürfelt war, aus den westeuropäischen Königreichen bis in den Nahen Osten vorgerückt, ins Heilige Land und genauer gesagt bis nach Jerusalem, und hat dabei nach und nach alle Armeen der Türken und Sarazenen besiegt, die sich ihr in den Weg stellten. Warum ein solches Unterfangen? Woher kam die verrückte Idee dieser Männer des ausgehenden 11. Jahrhunderts, sich so vielen Gefahren auszusetzen und so weit in Gebiete vorzurücken, die die musli-

Paris, bibliothèque de l'Arsenal 5211 (gegen 1250–1254, Akkon; 285 x 200 mm).

Es ist ein merkwürdiger Umstand, daß die Kreuzzüge die mittelalterlichen Maler kaum inspirieren. Sie lösen keine neue Form der Ikonographie aus. Die mentale Welt und das Ideal des Kreuzzuges treten hingegen in der Bebilderung der Bibeln und der kopierten und illuminierten Chroniken während des fränkischen Königreichs von Jerusalem in der Mitte des 13. Jahrhunderts zutage, insbesondere, als sich König Ludwig IX. in der Hauptstadt der Kreuzfahrer Akkon zwischen 1250 und 1254 niederläßt. Die Illuminatoren, die mit der Dekoration der Bibel des Arsenals beauftragt sind, wurden gebeten, die biblische Vergangenheit zu Ehren der kreuzfahrenden Ritter hervorzuheben. Die Bücher der Makkabäer, die die Geschichte der Juden erzählen, die sich der Herrschaft der griechischen Nachfolger Alexanders widersetzen, beschreiben in der köstlichen Sprache des 13. Jahrhunderts das bewährte Modell eines heiligen Krieges, dem der endgültige Sieg verheißen ist. Der Tempel Salomos wurde verwüstet, zerstört (oben links), den Götzen der Heiden überlassen, aber die Brüder Makkabäus, die wieder Mut gefaßt haben, erobern mit dem Schwert einen Tempel zurück, der ein Gebetshaus für die Sarazenen geworden ist, die hier ihre Tiere vor einem Götzen, der Mars ähnelt, opfern. Die Konventionen dominieren in dem Bild: Die Kreuzfahrer des 13. Jahrhunderts wissen ganz genau, daß die Muslime keine Götzen anbeten, und insbesondere nicht solche Mohammeds (oben rechts). Aber das Bild muß überzeugen. Deshalb treffen unten zwei Armeen in einem erbitterten Kampf aufeinander. Die linke, unheilbringende wird von einem Krieger auf einem braunen Pferd geführt; sie greift die Armee Gottes an, die nach abendländischer Sitte gekleidet ist, deren führender Ritter ein weißes Pferd reitet, das Symbol des Triumphes.

mische Eroberung des 7. Jahrhunderts von der christlichen Welt getrennt hatte, und die sie ihnen hätte ungastlich erscheinen lassen müssen? Der Brief ist im übrigen nicht alltäglich. Es handelt sich um eine Enzyklika, die sich, von äußerst zufriedenen Kriegsherren verfaßt, an alle Kirchen des Westens richtet. Er hat also nicht im mindesten die Absicht, nackte Wahrheit darzustellen. Er betet die Schildung der ausgewählten Ereignisse nach einer religiösen, spirituellen Sichtweise herunter.

DER KREUZZUG UND SEIN GEISTLICHER LOHN

Der erste Kreuzzug, dessen siegreiches Ende diese Verlautbarung verkündet, leitet eine lange Kette von militärischen Unternehmungen ein, in denen die abendländischen Kulturen versuchten, die Vorstellung, die sie von ihrem Schicksal hatten, allgemein durchzusetzen. Die Kreuzzüge sind in erster Linie kriegerische Unternehmungen zur Eroberung eines weit entfernt liegenden Gebietes, ungefähr zwischen 1095 und 1300. Sie legen aber auch andere ehrgeizige Pläne offen, wie die einer ganz gewöhnlichen Kolonisation, weil sie darauf abzielten, im Namen des christlichen Glaubens die heiligen Stätten denjenigen wieder abzunehmen, die man als Eindringlinge betrachtete. Hier ist es unwichtig, ob die Feinde die Sarazenen des »Königs von Babylon« – des Sultans von Kairo in der heutigen Sprache – sind, oder die Seldschuken, die mit Beharrlichkeit sowohl an den Besitzungen des christlichen griechischen Kaiserreichs als auch an den muslimischen Fürstentümern knabbern: Für die Bewohner des Abendlandes sind alle beide Muselmanen, anders gesagt die heidnischen Feinde Christi.

Leitung und Durchführung des Kreuzzuges wurden ganz selbstverständlich an kriegserprobte Männer übergeben, an die fränkischen Ritter aus Frankreich, Flandern, Lothringen, Aquitanien und der Provence, selbst aus Süditalien, die das Wissen aller Krieger der Welt besaßen. Nun sind die eigentlichen Führer dieses merkwürdigen Konvois, von dem hier die Rede ist und der sich »Armee des Herrn« nennt, also diejenigen, die an der Spitze reiten, aber Geistliche, der Erzbischof von Pisa und andere Bischöfe, Männer der Kirche, die den weltlichen Herren vorgesetzt sind. Und das, obwohl diese den vornehmsten Machtzirkeln in den westlichen Königreichen angehören; normalerweise lassen sie sich nicht ihre Vorherrschaft streitig machen, insbesondere nicht am Ende des 11. Jahrhun-

derts, als zahlreiche Fürsten, Könige und selbst der Kaiser sich offen gegen die Versuche der Abgesandten Roms wehren, die die Geistlichkeit dem Zugriff der weltlichen Herren entziehen wollen. Herzog Gottfried, der dem Erzbischof von Pisa zur Seite steht, ist kein anderer als derjenige, der im Namen des Kaisers Heinrich IV. das riesige Lothringen regiert, das sich damals von der Mündung des Rheins und der Mosel bis ins Elsaß, das Herz des alten Austrien, erstreckt, das bereits das Kernland des Reichs Karls des Großen war und noch immer ein Vorposten der germanischen Welt ist. Der andere Fürst, der diesen Brief unterschrieben hat, ist Graf Raimund von Saint-Gilles aus dem Gard, der auch der sehr mächtige Graf von Toulouse und der Provence ist, in Wirklichkeit der einzige einflußreiche adlige Herr im Süden des kapetingischen Königreichs. Die Chroniken des ersten Kreuzzuges bestätigen die herausragende Rolle, die Gottfried und Raimund darin gespielt haben; sie gehören zur ersten Gruppe, die im Heiligen Land angekommen ist. Der Erzbischof von Pisa ist im Gegensatz zu ihnen erst ganz am Schluß dazugestoßen, er ist ganz entschieden ein Nachzügler. Als er den Brief unterschreibt, ist er gerade eben erst im September 1099 mit einer Gruppe von Toskanern in Syrien gelandet, also zwei Monate nach der Eroberung von Jerusalem. Warum erweist man ihm soviel Ehre, indem man ihm den ersten Platz unter den Kreuzfahrern zugesteht?

Zwei Gründe erklären diese merkwürdige Besonderheit des Briefes: die spirituelle Verpflichtung der Teilnehmer und die pontifikale Leitung der ersten Expedition. Der Krieg, den wir »Kreuzzug« nennen, trug diesen Namen zu jener Zeit noch nicht: Die Zeitgenossen sprachen eher von einem »Weg«, einer »Reise« oder einer »Pilgerschaft«. Der äußere Anlaß der Reise ist sicherlich ein Krieg *(bellum)*, den die Christen gegen erklärte Feinde Gottes führen müssen; diese, die Muselmanen, die in Wirklichkeit Anhänger eines anderen Monotheismus als dem der Juden und der Christen sind, müssen in erster Linie zurückgedrängt werden, weil sie Jerusalem besetzt halten. Aber die Reise muß auch zur Läuterung des Kriegers beitragen: Das wird ganz klar von allen Aufrufen zum Kreuzzug bis ins hohe 16. Jahrhundert bestätigt und durch das Versprechen der Vergebung aller Sünden, die aus der Teilnahme am Kreuzzug entstanden sind und die man später »Ablaß« nennt, garantiert. Wie immer auch die traurige menschliche Wahrheit gewesen sein mag, da sich nämlich viele der adligen Herren in der sehr reellen Hoffnung auf den Kreuzzug begeben, bedeutende Reichtümer und fruchtbare Gebiete im fernen Orient zu finden, – die Verkündung des Ideals ist hingegen klar, und man beharrt in der ganzen späteren Geschichte der Kreuzzüge darauf: Es handelt sich eindeutig um ein religiöses Unterfangen, mit dem das Versprechen geistlichen Lohnes verbunden ist.

Im übrigen handeln die Männer, die den Kreuzzug leiten, unter einem ganz besonderen Mandat: Sie folgen nicht einem königlichen Aufruf, sondern einem Befehl der Person, der sich im 11. Jahrhundert als der höchste Würdenträger aller Kirchen des Abendlandes durchgesetzt hat, dem Papst. Die Expedition nahm also eine Bedeutung an, die nichts gemein hatte mit den Kriegen früherer Zeit, den Rückeroberungen des Kaisers Justinian von den Barbaren im 6. Jahrhundert oder den Feldzügen Karls des Großen gegen die Langobarden, Sachsen, Bretonen und die Sarazenen Spaniens am Ende des 8. Jahrhunderts. Sie hat mit den normannischen Eroberungen im Süden Italiens seit Mitte des 11. Jahrhunderts noch weniger zu tun, weil die Opfer dieses dreisten Coups nicht nur die Griechen Apuliens und Kalabriens oder die Sarazenen Siziliens waren, sondern auch der Papst selbst. Der Kreuzzug, dessen Triumph der Erzbischof und die Fürsten über die Meere hin verkünden, wurde von dem französischen Papst Urban II. (1088–1099) initiiert; er war auch der von allen anerkannte Führer, wie ein früherer Brief bezeugt, der aus Antiochia am 11. September 1098 abgeschickt worden war. Darin flehen ihn die zerstrittenen und entmutigten Führer an, seinen eigenen Krieg persönlich anzuführen. Der Erzbischof von Pisa, Daimbert, handelt als sein Legat, ein Amt, das ihm der Papst 1099 übertragen hatte, nachdem der Bischof von Le Puy, Ademar von Monteil, der erste Legat und eigentliche Führer der Kreuzzugsarmee, in Antiochia gestorben war.

ÜBERLIEFERUNG

Die Enzyklika des Erzbischofs und der Fürsten der Kreuzfahrer berichtet nichts von dem wichtigsten Ereignis, von dem Aufruf, der an einem Novembertag des Jahres 1095 in der Stadt Clermont in der Auvergne erging. Unerwähnt bleibt auch der Umstand, daß die Armee, die sich im Frühling 1096 in Bewegung setzt, aus drei Teilen bestand. Die drei Truppenteile standen unter getrennten Kommandos, einer im Süden Frankreichs, ein anderer im Herzen des kapetingischen Königreichs, und der dritte auf deutschem Boden, ohne dabei die Armee der Normannen im Süden Italiens zu berücksichtigen. Noch erstaunlicher ist das absolute Schweigen über die bunt zusammengewürfelte Menschenmasse, die sich den Kriegern angeschlossen hatte. Von Frankreich und

Der Einsatz in diesem Krieg ist schrecklich. Die Menschen des Hohen Mittelalters identifizieren ihn mit dem Kampf um die Aufteilung der Menschen zwischen Gott und Satan. Kurz vor 800 beschreibt ihn der northumbrische Maler des »Book of Kells« bereits, als er die dritte Versuchung Christi illustriert, zu Beginn des vierten Kapitels des Evangeliums nach Lukas. Der schwarze Dämon hat Jesus auf die Zinnen des Tempel gehoben, der hier wie ein Reliquienschrein dargestellt ist. Er überreicht ihm eine Rolle, durch die er Jesus die Herrschaft über die Welt und über die Menschen verspricht. Die rechte Hand Jesu beschützt die Gläubigen, während eine riesige Menge, die von einer Gestalt mit zwei Zeptern (ist es Salomo, der die Zepter der beiden Königreiche des Guten und des Bösen hält?) vor den Mauern Jerusalems zusammengerufen worden ist und das Urteil des Jüngsten Gerichts erwartet.

Deutschland aus hatte sich eine Horde von mehr oder minder erbärmlichen Pilgern in Bewegung gesetzt und schreckliche Pogrome unter den jüdischen Gemeinden des Rhein- und des oberen Donautales angerichtet, bevor sie sich der großen Armee auf dem Weg nach Jerusalem anschloß. Der Brief sagt auch nichts darüber, daß die drei wichtigsten Gruppen drei unterschiedliche Routen eingeschlagen haben, bevor sie sich in Konstantinopel zusammenschlossen, nichts auch über die schwierigen Verhandlungen, die sie mit den Griechen führen mußten, bevor sie den Bosporus überqueren und nach Kleinasien ziehen konnten. Es ist möglich, daß es noch eine frühere Depesche gab, die die Vorgeschichte, die hier ausgelassen wurde, erzählt. Tatsächlich aber bemühen sich die Absender dieses Schreibens keineswegs, eine vollständige Geschichte des Kreuzzuges zu schreiben. Sie scheinen im Gegenteil eher darum bemüht, die Heldentaten einer einheitlichen Armee, der »Armee Gottes« zu beschreiben, deren glorreiches Abenteuer erst wirklich beginnt, nachdem die Meerenge überwunden ist, die in den Augen der Zeitgenossen, wie für uns heute, Europa von Asien trennt, den Bosporus.

Der Aufbau des Briefes ist eigenartig. Er beginnt nämlich mit einer Danksagung für die Erfüllung einer alten Prophezeiung. Es folgt ein weitschweifiger Bericht und eine trockene Zusammenfassung, deren beider Aussagen nicht zusammenpassen. Eine Armee hat zwei Kontinente durchquert, um ein Versprechen, das in früheren Zeiten, das heißt zur Zeit des alten Israel, gegeben wurde, zu erfüllen. Welche Prophezeiungen haben sich auf diese Weise erfüllt? Die des Propheten Jesaja (Jesaja 52 und 60) oder die des Sacharja aus dem von den Christen interpretierten Alten Testament. »Also sprach der Herr der Heerscharen: Siehe, ich will mein Volk erretten aus dem Lande des Aufgangs und aus dem Lande des Niedergangs; ich will sie heimbringen, daß sie inmitten Jerusalems wohnen [...]. So werden viele Völker und mächtige Nationen kommen, den Herrn der Heerscharen in Jerusalem zu suchen [...]« (Sacharja 8, 7–8 und 22). Außerdem erfüllt sich die Apokalypse, die im Neuen Testament ankündigt, daß nach der Zeit der Qualen unter den vier Apokalyptischen Reitern das Urteil Gottes und die Heilige Stadt auf Erden niederkommen werden, also die Ankunft des neuen Jerusalem prophezeit (Offenbarung 6, 1–8 und 21, 2). Aber die Zeitgenossen stehen außerdem unter dem Einfluß von genaueren Weissagungen, die im Laufe des 10. und 11. Jahrhunderts im westlichen Europa veröffentlicht werden und weite Verbreitung finden. Diese Prophezeiungen haben einen außergewöhnlichen Erfolg gehabt: die *Beschreibung des Endes der Zeiten* des Pseudo-Methodius, die Abhandlung *Über die Geburt und die Epoche des Antichristen* von Abt Adso von Montier-en-Der und die Prophezeiung der *Sibylla Tiburtina*. Was lehren uns nun diese Vorhersagen der Zukunft?

Die Autorschaft der kurzen *Beschreibung des Endes der Zeiten,* die fälschlicherweise einem Bischof des 4. Jahrhunderts zugeschrieben wird, gebührt einem Syrier vom Ende des 7. Jahrhunderts. Die fränkischen Mönche kennen diese Schrift sehr gut, seit sie von einem der Ihren aus dem Griechischen ins Lateinische übersetzt wurde, möglicherweise in der Provence am Anfang des 8. Jahrhunderts. »Im Laufe des siebten Jahrtausends, in dem wir uns augenblicklich befinden, begann das Volk des Ismael aus der Wüste Arabiens auszuziehen [...]. Dieses Volk wird über die Erde vier Plagen bringen: Mord, Verzweiflung, Zerstörung und Verwüstung [...]. Sie werden die heiligen Stätten besudeln und die Priester töten [...]. Dann wird plötzlich der König der Griechen und der Römer über sie herfallen [...], er wird das Schwert und die Verwüstung nach Arabien, ihr Heimatland, bringen. Er wird ihre Frauen und ihre Söhne gefangennehmen, die das Gelobte Land bewohnen [...]. [Sein] Zorn wird sich gegen die richten, die unseren Herrn Jesus Christ verleugnet haben, und auf Erden wird Frieden herrschen [...].«

In dieser *Beschreibung* des Pseudo-Methodius erkannten die Männer des 11. Jahrhunderts eine phantastische Dramaturgie in vier Akten. Der erste Akt beschreibt ausführlich die Verfolgungen, die angezettelt wurden von den barbarischen Söhnen Ismaels, die in Wahrheit Anhänger Mohammeds waren, ein abgefallenes und zerstörerisches Volk. Im zweiten Akt wird ein christlicher König bald die Griechen und Römer unter einem Banner vereinigen, er zermalmt die alten arabischen Herren zu Staub und errichtet den Frieden in der Welt. In einem sehr kurzen Zwischenspiel kommen die Armeen des Gog und Magog von Norden herunter und bringen Feuer und Blut über die Erde, aber der König der Römer fügt ihnen eine Niederlage zu und läßt sich für eineinhalb Jahre in Jerusalem nieder. Zu Beginn des dritten Aktes taucht die mythische Persönlichkeit des Antichrist auf: Er wird in dem Stamm der Dan in Chorozin geboren, wächst in Betsaida auf und wird in Kafarnaum regieren. Er stammt also aus den drei Städten Galiläas, die Christus verflucht hat (Matthäus 11, 21–24). An dem Tag, an dem dieser außergewöhnliche Gegner auf den Thron kommt, steigt der König der Römer auf den Berg Golgatha, überreicht seinem König seine Krone und übergibt seine Seele dem Herrn. In diesem Moment hält der Antichrist, der Sohn der Verdammnis, seinen Einzug in Jerusalem, läßt sich im Tempel nieder und gewinnt durch seine Wunder Anhänger. In einem letzten Akt von niederschmetternder Härte schickt Gott seinen Sendboten, der den Betrüger vernichtet: Er tötet ihn und steigt aus den Wolken herab, um über alle Menschen zu richten.

Ein anderer Mönch, Adso von Montier-en-Der, hat die alten Prophezeiungen über die Ankunft des Antichristen, darunter auch die des Pseudo-Methodius, nochmals gelesen. Er gewann aus ihnen das Grundmaterial für eine Flugschrift, die im Ton zuversichtlicher war und die er gegen 953–954 der Königin Gerberga, der Frau eines der letzten karolingischen Könige, überreichte. Adson korrigiert die dunklen Vorhersagen des Pseudo-Methodius, tröstet die Königin der Franken, versichert, daß die Zeit noch nicht gekommen sei, weil die fränkischen Könige den Zusammenbruch des Römischen Reiches verhindern. »Einige unserer Doktoren sagen, daß am letzten Tag ein König der Franken erscheinen wird, der das Römische Reich zusammenhalten wird [...]. Nachdem er glücklich sein Königreich regiert hat, wird er nach Jerusalem kommen und dort sein Zepter und seine Krone auf dem Ölberg niederlegen [...]. Gleich danach muß der Antichrist kommen [...]. Aber bevor er kommt, werden Elias und Henoch, zwei große Propheten, auf die Erde geschickt und die Getreuen Gottes dreieinhalb Jahre lang [...] gegen den Angriff des Antichristen schützen [...]. Dann wird die Verfolgung des Antichristen weiter um sich greifen [...]. Nachdem er Elias und Henoch getötet hat, wird er allen anderen Gläubigen die Märtyrerkrone aufsetzen [...]. [Nach dreieinhalb Jahren] wird er auf dem Ölberg getötet werden, in seinem Zelt und auf seinem Thron, am selben Ort, wo der Herr in den Himmel aufgestiegen ist. Wisset, daß nach dem Tod des Antichristen, Gott der Herr [...] den Auserwählten vierzig Tage gewährt, damit sie Buße tun [...]. Wenn diese Buße beendet ist, weiß niemand, wieviel Zeit verstreichen wird, bis Gott der Herr kommen wird, um über sie zu richten.«

Nun aber hat sich einige Jahrhunderte vor dem ersten Kreuzzug ein gelehrter Italiener, vielleicht ein Römer, ebenfalls daran begeben, die alten Prophezeiungen im Lichte der alten römischen Legenden noch einmal zu lesen; er berief sich auf die Autorität der Sibylle von Tivoli – einer Stadt nahe Rom – und eine syrische Schrift aus dem 4. Jahrhundert. Er kam zu dem Schluß, daß einem Griechen, der auf den Namen Konstantin höre, der Sieg sicher sei. Dieser wird das Kaiserreich von Konstantinopel und das des Abendlandes vereinigen. Seine Herrschaft wird der Beginn einer Zeit des Überflusses sein, wenn »ein Maß Weizen zu einem Denar verkauft wird, ein Maß Wein für einen Denar, ein Maß Öl zu einem Denar.« Wie zu erwarten, wird er die Städte der Heiden – für den Autor die Muselmanen – vernichten, er wird sie zur Taufe zwingen, die Juden werden konvertieren und »das Grab des Herrn wird von allen verehrt werden«. Gegen ihn werden sich der Antichrist, dann die beiden mythischen Völker Gog und Magog, die jenseits des Kaukasus leben, stellen. Der König der Römer wird letztere besiegen und nach Jerusalem kommen, wo er sein Reich, das die ganze Erde umfaßt, in die Hände Gottes legen wird. In diesem Moment errichtet der Antichrist, der sich seines Sieges sicher glaubt, im Tempel von Jerusalem seinen Thron und wütet schlimmer als jemals zuvor, aber er endet schon bald, getötet von dem Erzengel Michael, auf dem Ölberg.

Wer immer wollte, konnte diese drei Flugschriften, die offen in zahlreichen Kopien zirkulierten, am Vorabend des Kreuzzuges lesen. Wie immer sie sich auch unterschieden, ihre Vorhersagen kündigten an, was alle glauben wollten, die Anführer, Bischöfe und adligen Herren, ebenso wie die kleinen Leute. Alle teilten den verbreiteten Glauben an die mögliche Ankunft eines friedlichen Königreiches. Einige Aufwiegler sahen es als dringlich an, die Juden über ihre unvermeidliche Wahl aufzuklären: zu konvertieren oder sich ausrotten zu lassen. Die Anführer der Kreuzfahrer waren also sicherlich guten Glaubens, die alten Prophezeiungen zu verwirklichen. In ihrem Brief entwerfen sie das herrliche Bild einer Eroberung, deren Bedeutung keinem ihrer Leser entgeht. Die Rückeroberungen von den Türken und Sarazenen nehmen in ihren Beschreibungen die Form eines eschatologischen Kampfes an, die Leiden und Entbehrungen bilden das Gegengewicht zu den vielen anfänglichen Siegen, die freiwillige Liturgie der Erniedrigung vor den Mauern von Jerusalem geht der Übergabe der königlichen Symbole in die Hände Christi voraus. Selbst die Bemerkung über den Überfluß, dessen sich die Kreuzfahrer erfreut hatten und über die Wertminderung, die sich für das begehrteste Fleisch daraus ergab, muß im Lichte der Heiligen Schrift gesehen werden: Sind der Ziegenbock und das Rind nicht die Tiere des Brandopfers, daß der Herrgott vom hebräischen Volk in der Wüste verlangt (Levitikus [Drittes Buch Mose] 9, 18, und ff.)?

Der Kreuzzug hat zu diesem Zeitpunkt einen guten Teil des von den Propheten festgelegten Programms verwirklicht, und er erfüllt auch die Versprechungen, die den Christen über ihren endgültigen Sieg über die Ungläubigen gemacht wurden. Aber ihre Anführer hüten sich sehr wohl davor, zu schnell das endgültige Verbot allen Übels in dieser Welt und die Errichtung eines universellen Königreichs auszurufen. Denn es fehlten noch die ernsthafte Bekehrung der Juden, die universelle Verehrung des Heiligen Grabes und sogar das Wichtigste: Nichts weist darauf hin, daß der König der Römer die Zeichen seiner Monarchie auf dem Ölberg in die Hände Gottes legen wird, und nichts kündigt die bevorstehende Rache des Antichristen an. Die Fortsetzung des prophetischen Programms sagte in der Tat nichts Gutes voraus, eher noch eine verschärfte Verfolgung, die die Christen grausamer als jemals zuvor niedermähen würde. Warum also die Ankunft der Übel beschleunigen, indem man die Vorhersagen der Propheten laut und deutlich aussprach? Besser war es, es dabei zu belassen.

Die Unterzeichner können also das gefährliche Terrain der nicht erfüllten Prophezeiungen verlassen, der Chronologie der Ereignisse folgen und von der Expedition berichten. Ihre Erzählung befreit sich unterdessen gleich darauf von der Pflicht einer kurzen und knappen Berichterstattung, um sich die Form eines von der Vorhersehung bestimmten Schicksals zu geben. So kommt es, daß die Armee, als sie von Nikäa loszog, sehr groß war: Der Brief schätzt ihre Zahl auf dreihunderttausend Mann. Vergessen wir die offensichtliche Übertreibung; sie geht kaum über die epischen Übertreibungen hinaus, an die die Historiker

des Mittelalters gewöhnt sind. Sicherlich war die Gesamtzahl der Kämpfer, zu Fuß oder zu Pferd, niemals größer als siebzigtausend, zu denen man noch ungefähr dreißigtausend Nicht-Kämpfer zählen könnte. Es handelt sich hier um nicht zu überprüfende Schätzungen. Man denke aber daran, daß Karl der Große jedes Jahr eine Armee von dreißigtausend Mann und mehr nach Italien führte.

Drei Jahrhunderte später mußten die Bewohner Westeuropas imstande sein, diese Leistung zu überbieten. Sie hatten schließlich nicht nur große Erfahrungen bei Handelsreisen im Mittelmeer erworben und waren mit den neuen Techniken des Offensivkrieges und der Belagerung befestigter Plätze vertraut, sondern waren seit dem zweiten Viertel des 11. Jahrhunderts sogar im Export von Kriegern nach Italien, seit 1066 nach England oder seit etwa 1075 nach Spanien erfahren. Aber die Autoren dieses Briefes legen, obwohl sie wie alle Zeitgenossen über die Preise und den Marktwert genau informiert sind, keinen

Wert auf das genaue Beziffern der Bevölkerung. Sie geben diesen Zahlen eine dermaßen tiefe Bedeutung, als müßte die Zahl der Kreuzfahrer in dem Maße abnehmen, wie Gott ihnen die erhabensten Siege gewährt. Sie sagen auch, warum ihre Kohorten in der Sonne Kleinasiens, in den Gemetzeln, Hungersnöten und Epidemien zusammenschmolzen. Sie erweisen sich hingegen diskreter bei der Angabe der Verluste durch Enttäuschung oder durch Panik; einige Fürsten, insbesondere Graf Stephan von Blois, haben sich wenig hervorgetan und sich eine dauerhafte Reputation als Feiglinge erworben. Wie dem auch sei, am Ende der Belagerung von Antiochia müssen die Kreuzfahrer gestehen, daß sie kaum noch gute Pferde hatten, und als sie in Syrien angekommen sind, bezeichnen sie sich selbst als wenig zahlreich, und ihre »kleine Armee« brüstet sich, einhundertvierzigtausend Feinde in der Schlacht von Askalon vernichtet zu haben. Darin sehen sie ein Zeichen, daß die Hand Gottes ihnen beigestanden hat. Ein Gott, der sich um die Sünder bemüht und sich denen gegenüber, die zu Ihm heimkehren, immer gewogen zeigt.

Die Einnahme von Nikäa, der ersten großen christlichen Stadt, die am 19. Juni 1097 den Türken entrissen wurde, wird kaum erwähnt: Sie leitet die Demonstration der immensen Gnade ein, die Gott seiner Armee gewährt, den Überfluß an Gütern und die Erniedrigung der Sarazenen. Nach dem Jubel folgt aber der Sturz der Hochmütigen: Denn in Antiochia stießen die Christen, die zu selbstgefällig geworden waren, auf einen heftigen Widerstand der Garnison. Am 4. Juni 1098 ist es ihnen immerhin gelungen, in die Stadt einzudringen, aber sie konnten die Festung nicht einnehmen und fanden sich im Gegenzug von der türkischen Armee des Fürsten von Mossul, Kerboga, umzingelt. Es bedurfte eines berühmten Wunders, um das Vertrauen wieder herzustellen: Die Entdeckung der heiligen Lanze am 4. Juni, mit der ein römischer Soldat die Rippen des gekreuzigten Jesus durchstochen hatte. Und dank der Trophäe des Sieges Christi über den Tod stellt sich am 28. Juni in der Schlacht vor Antiochia der Triumph ein, als die türkische Armee vernichtet und Kerboga getötet wird.

In ihrer Verlautbarung geben die Autoren eine rein spirituelle Erklärung für die Verzögerung beim Marsch auf Jerusalem. In ihren Augen wollte eine göttliche Pädagogik die Eitelkeit der Krieger und den Streit ihrer Anführer bestrafen. Hunger, Durst und Erschöpfung vernichteten die Männer, gleichzeitig trieb sie die paradoxe Hand Gottes an, um sie schneller den Versuchungen eines erneuten Kannibalismus zu entziehen. Nachdem sie Buße getan haben, geht es schnell weiter: Im September erfolgt der Fall von al-Bara und im Dezember der von Ma'arrat. Der Vorstoß einiger auf Edessa, »bis nach Persien«, vor der Nase des Sultans von Mossul, wird ein fröhlicher und triumphaler Spaziergang. Wenn es auch noch einige Leiden zu ertragen gilt, besonders den Durst vor den Mauern von Jerusalem, findet die Belagerung der Heiligen Stadt, die man für so schwierig hielt, dank einer überwältigenden Prozession ein Ende, und Gott übergibt am 15. Juli, dem Fest der Apostel, die zur Missionierung ausgesandt wurden (*dispersio* oder *divisio apostolorum*), den Seinen endlich die Stadt und ihre Verteidiger.

Die Autoren wissen die Rhetorik zu handhaben. Sie haben ihrem Schreiben das Aussehen einer wirklich geistlichen Demonstration gegeben, und es ist überzeugend. Dennoch, wenn sie zur Aufzählung kommen, die die Verlautbarung abschließt, empfindet der Historiker, der sich um die faktische Wahrheit bemüht, ein Unbehagen. Der Brief zählt knapp die Orte und Daten der sechs Schlachten auf, an der Brücke von Farfar (21. Februar), bei Nikäa (5. März), bei Antiochia (28. Juni), »in der Romania« (1. Juli), bei Jerusalem (15. Juli) und bei Askalon (29. Juli). Daß die Kreuzfahrer ihren Lesern ersparen wollen, sich über die Niederlagen, die sie einstecken mußten, zum Beispiel die bei Civitot im Oktober 1096, Gedanken machen zu müssen, kann nicht erstaunen: Seit eine offizielle Geschichtsschreibung existiert, verdienen es doch die Siege mehr als die Niederlagen, in die Geschichte der Jahrhunderte einzugehen. Noch eigenartiger aber ist, daß die Anführer zwar sorgfältig die festgehaltenen Daten angeben, aber einige von ihnen falsch oder in falscher Reihenfolge genannt sind. Die »Schlacht« von Nikäa hat nach Ansicht der Historiker nicht am 5. März stattgefunden: Die Stadt wird vom 6. Mai an belagert, und ihr Fall ereignet sich am 19. Juni 1097; im übrigen legen alle Chroniken ihre Einnahme vor die Schlacht von Farfar. Der am 28. Juni 1098 bei Antiochia ausgetragene Kampf korrespondiert mit einer geordneten Feldschlacht, in der die Kreuzfahrer Kerboga an einem See unterhalb der Stadt besiegen, und nicht mit dem endgültigen Fall der Stadt. Bei der »vierten Schlacht«, zu der es am 1. Juli im byzantinischen Kaiserreich kommt, kann es sich nur um die große türkische Niederlage von Doryläon 1097 handeln. Schließlich findet die »sechste Schlacht«, die von Askalon, nach Aussage der Historiker am 12. August 1099 statt und nicht am 29. Juli, was die Schreiber hätten wissen müssen, weil sie ihre Bilanz nur einige Tage später ziehen.

Es hat keinen Sinn, hier auf die Inkonsequenz der mittelalterlichen Autoren zu verweisen, denn dies würde nur unsere Unfähigkeit zeigen, sie zu verstehen. Es ist auch nicht möglich, irgendwelche Irrtümer bei der Überlieferung des Schriftstücks zu vermuten: Der Brief wurde in den ersten Jahrzehnten des 12. Jahrhunderts zu häufig immer wieder aufs neue kopiert, als daß man sich damit zufrieden geben könnte, die Ungenauigkeiten der Überlieferung den ebenso zahlreichen Historiographen und ihren Kopisten anzulasten wie ihren Lesern und den Teilnehmern des Kreuzzuges. Die Ordnung, die uns Historiker so stört, weil sie unserem Sinn für die chronologische Reihenfolge widerspricht, erklärt sich, weil sie ganz selbstverständlich die Ordnung eines Kalendars akzeptiert. Man sollte sie also wie eine Folge von Festen verstehen, die von nun an zu feiern sind. Die Absender des Briefes laden im Grunde die Empfänger, die Kirchen des Abendlandes, ein, diese Schlachten in die Bücher einzutragen, die in der Liturgie gebräuchlich waren, die Martyrologien und die Kalendarien, und zwar für die ersten sieben Monate des Jahres. Selbst die Kirche von Jerusalem feierte während der gesamten Kreuzfahrerzeit den Jahrestag der Einnahme vom 15. Juli. Diese »Schlachten« waren tatsächlich ausnahmslos Ordale, das heißt »Gottesurteile«, die das Recht der Christen bewiesen, die Türken und die Sarazenen anzugreifen und ihnen Jerusalem wegzunehmen.

Der Brief des Erzbischofs von Pisa und der militärischen Anführer des Kreuzzugs muß als das verstanden werden, was er ist: eine Verlautbarung an die Armeen und eine offizielle Mitteilung an die Nationen. In anderen Worten, er fällt in den Bereich eines klassischen Genres, das der Propaganda, die vom Leser eine erhebliche Portion Vorsicht und Argwohn verlangt. Er verströmt ein subtiles Aroma, in dem man einige gesicherte Informationen ausmachen kann, die von den sofort darauffolgenden Chronisten bestätigt werden, und eine immense theologische Konstruktion, mit der sich unsere Rationalität nur schlecht abfinden kann. Es stimmt, daß die Eliten aller älteren Kulturen, die der Schrift mächtig waren, die Kunst der offiziellen Verlautbarung ebenso beherrschen mußten wie die plumpe Rhetorik der Redner. Die weltlichen und kirchlichen Autoren des Briefes streifen sich hier das doppelte Gewand des Sieges im Namen Gottes über: Sie sind Eroberer, aber die Art ihrer Eroberung macht aus ihnen die Vollstrecker eines Werkes göttlicher Vorhersehung. Die Einnahme von Jerusalem konnte man nicht anders verstehen, und dieses Buch hier möchte nichts anderes zeigen: Die Eroberung des irdischen Jerusalems hatte nur spirituell einen Sinn, sie konnte nur in eine Suche nach einem

symbolischen Jerusalem münden. Man wird hier also keine Geschichte des
ersten Kreuzzuges finden, nicht einmal eine Chronik der Einnahme Jerusalems
durch die Kreuzfahrer. Ich möchte vielmehr gleichzeitig zeigen, was der
Marsch auf Jerusalem für die Vorstellungswelt des Abendlandes zur Zeit des
ersten Kreuzzuges bedeutete, als auch die schwierige Neuinterpretation auf-
zeigen, zu der sich die Kreuzfahrer nach einer Eroberung gezwungen sahen,
die noch zwanzig Jahre vorher undenkbar gewesen wäre.

MANASSE N XXIIIICC   EFRAIM N XLII   BENIAMIN N XXXV CCCC

GAD N XLV DCL

ASER N XLI D

DYSIS

FILII GERSON VII D

AMESEMBRIA   FILII CAATH VIII DC

ARETOS   FILII MERARI VI CC

ARCA TEST

SCA SCORVM

ALTAR THIM

CANA

MENSA

INTROITVS

RUBEN N XLVI D

DAN N LXII DC

ALTARE HOLOCAVSTI

LABRVM

NEPTHALIM N LIII CCCC

MOSES ET AARON

SIMEON N LVIIII CCC

ANATOL

ZABVLON N LVII CCCC   IVDAS N LXXIIII DC   ISSACHAR N LIIII CCCC

Der Aufruf von Clermont

27. November 1095

Die großen Themen des Feldzuges der Kreuzfahrer hatte Papst Urban II. vier Jahre vor der Einnahme von Jerusalem auf brillante Weise in seiner berühmten Predigt angeschnitten, die er vor einer Versammlung von Kirchenvertretern hielt. Das Wort eines Klerikers, auch wenn es der Papst war, reichte sicherlich auch in jener Zeit nicht aus, um Massen in Bewegung zu setzen. Andere Anreize waren dazu nötig. Die Gesellschaften Westeuropas wurden damals von Erschütterungen aufgewühlt, die menschliche Großtaten auslösen. In den Städten, die sich schnell von einer langen Lethargie befreiten, lösten sich die alten Führungsschichten allmählich auf. Die Gelehrten, die im Schutze der Kathedralen die Eliten ausbildeten, ein Anselm von Laon oder ein Roscelin von Compiègne, schüttelten die fadenscheinigen Hüllen des Glaubens ab, den sie für völlig überholt hielten. Diese Männer, die noch der Generation vor Pierre Abaelard angehörten, reagierten so auf die Forderungen der jungen Gelehrten der Domkapitel, der Ritter der Aristokratie, die nicht alle unverbesserliche Haudegen waren, und der Handelselite, die nunmehr an Entdeckungen gewöhnt waren.

Alle aktiven Mitglieder dieser städtischen Gemeinschaften waren unablässig auf Reisen. Die Händler eilten von nun an von einem Markt zum anderen, angezogen von den Privilegien, die die guten Fürsten ihnen in den verlockendsten Farben ausmalten. Die Ritter im Dienste der Burggrafen und der adligen Herren kamen auch Hilfeersuchen nach, die von immer weiter entlegenen Orten kamen, im Dienste der königlichen Armee oder auf eigene Rechnung, gegen Schottland, Spanien oder Süditalien. Die Kleriker standen ihnen in nichts nach, denn die Kathedralen und Klöster umgaben sich mit Orten, die die Unternehmer dieser neuen Zeit willkommen hießen. Und sie wurden von den Legaten des römischen Papstes und dem Mönchsorden von Cluny zu mehr Bewegungsfreiheit ermutigt: So gründeten sie effiziente Informations- und Verbreitungsnetze, um

Florenz, Biblioteca Mediceo-Laurenziana, Amiatinus 1 (vor 716, Northumberland, »Codex Amiatinus« ; 500 x 340 mm), f° IIv°-IIIr°.

Im Zentrum der Erinnerung steht der Tempel von Jerusalem, dessen Herz das Tabernakel ist. Christen und Juden sehen darin das ureigenste Bild der Gemeinschaft. Zwölf Stämme Israels, zwölftausend von jedem dieser zwölf Stämme, das heißt einhundertvierundachtzigtausend Auserwählte, die sich auf dem Berg Zion niedergelassen haben, umringen und beschützen das Heiligste der Heiligen. In der großen Bibel, die zu Beginn des 8. Jahrhunderts auf der Insel Iona oder in Wearmouth kopiert wurde, läßt sich ein Maler von einem dekorierten Vorbild aus Süditalien des 6. Jahrhunderts inspirieren. Auf einer Doppelseite malt er die stilisierte Darstellung des Tabernakels im Tempel von Jerusalem. Kaum war das Buch beendet, da hält es der Mönch Beda Venerabilis bereits in den Händen, vielleicht meditiert er darüber. Möglicherweise hat er daraus das Material für den langen Kommentar gewonnen, den er gegen 715–720 über das Tabernakel verfaßt, und der für fast zwei Jahrhunderte das Handbuch einer spirituellen Kirche wird, die das wirkliche Jerusalem, das die Araber seit 638 in Besitz haben, vergißt.

von ihrem Standort aus die Aufforderung, die Welt zu erneuern, zu verbreiten. So gibt es zahlreiche Beispiele dafür, daß in den dreißig Jahren vor 1095 Männer und Ideen schnell zwischen Nord und Süd sowie West und Ost ausgetauscht wurden. Zahlreiche Erschütterungen öffneten den Geist für unerwartete Abenteuer an den Rändern einer Welt, die bis dahin völlig dominiert wurde von den Träumen einer einheitlichen, unerschütterlichen und herrschaftlichen Ordnung.

Die Gelehrten der Domschulen hatten bereits begriffen, daß die Bürger der Städte nur widerwillig einem fernen und majestätischen, ja souveränen Gott Dienst leisteten, ebenso wie sie die Zwangsjacke der alten Herrschaft ablehnten. An das Publikum gewöhnt, das die romanischen Kirchen besuchte, prägten diese Gelehrten die Gestalt der zukünftigen Professoren der Universitäten. Sie kannten die Ansprüche ihrer Schäflein: eine andere Moral, die nicht mehr direkt vom Himmel herabgestiegen zu sein schien, eine andere Interpretation der Urteile eines Gottes, der nicht mehr unergründlich in seiner Barmherzigkeit sein würde, sondern vielmehr ein Gespür für menschliche Emotionen haben und seiner Schöpfung näher sein würde, eben ein anderes Bild von diesem Gott selbst. Die Predigt des Papstes gab diesen brennenden Erwartungen einen Namen. Sie erlaubte es, die Bedürfnisse und Hoffnungen zu kanalisieren und zu dirigieren, bevor diese zu alte Welt auseinanderbrach. Die Predigt Urbans II. hat erst kürzlich viel Tinte fließen lassen. Aber was sagte der Prälat wirklich? Wußte er, wohin er die besten Ritter der fränkischen Welt schickte[6]?

DIE REISE URBANS II.

Am 24. November 1095 eröffnet Papst Urban II. feierlich das Konzil von Clermont in der Auvergne. Diese Versammlung hat er lange vorbereitet und geplant; er hat seit seinem Aufbruch aus Rom im vorausgegangenen Februar daran gearbeitet. Seinen ersten Halt, Anfang März in der Stadt Piacenza, hat er einer Versammlung gewidmet, die eine viel größere Bedeutung hatte, weil er dort mehr als zweihundert Bischöfe, viertausend Kleriker und dreißigtausend Laien empfangen hat. Dort hat er vor allem eine Gesandtschaft Konstantinopels vorgestellt, die gekommen war, um die militärische Hilfe des Abendlandes zu erbitten. Aber das Konzil von Clermont liegt ihm mehr am Herzen. Am 18. November in Clermont angekommen, bleibt er dort bis zum Abschluß des Konzils am 28. November. Zehn Tage lang leitet er die Sitzungen einer sicherlich großen Versammlung, die aber erheblich unauffälliger als die von Piacenza ist, weil dort

Paris, Bibliothèque nationale de France, lat. 6(3) (drittes Viertel des 11. Jahrhunderts, Saint-Pierre-de Roda, »Bibel von Roda«; 480 x 325 mm), f° 89v°.

Die christliche Rückeroberung hat in Spanien im Westen wieder eingesetzt. Nach ersten Versuchen am Ende des 8. Jahrhunderts haben die kleinen Könige des Nordens der Halbinsel nach und nach begonnen, die muslimischen Fürsten zurückzudrängen, deren Vorfahren das ganze Land bis über die Pyrenäen hinaus zwischen 711 und 736 besetzt hatten. Gegen 1076 fordert Papst Gregor VII. die christlichen Ritter auf, die kriegerischen Bemühungen in Spanien zu unterstützen. Er denkt nicht mehr an Jerusalem als es die katalonischen Illuminatoren der prunkvollen Bibel von Roda tun, die einige Jahre zuvor fertiggestellt worden war. Die Verantwortlichen dieses außergewöhnlichen ikonographischen Programms fällen dennoch die gewagte Entscheidung, das Buch des Josua, das den Einzug der Hebräer in das Gelobte Land am Ende einer langen Durchquerung der Wüste beschreibt, durch eine Malerei zu eröffnen, die die Konstruktion einer königlichen Ideologie und die Wiedererrichtung des Königtums und des Tempels um mehr als ein Jahrtausend vorwegnimmt. Gott befiehlt, der Prophet Haggai übermittelt den ausdrücklichen Befehl, Serubabel ordnet an, die Hebräer transportieren das Material, und der als Donjon dargestellte Tempel erhebt sich, bevölkert von Geistlichen und Laien. Sind die Zeiten nicht reif für die Rückkehr ins Gelobte Land?

bestenfalls etwa zehn Erzbischöfe und ungefähr achtzig Bischöfe, fast alle aus dem Königreich Frankreich, zusammengekommen sind. Es sind zehn Tage intensiver Debatten, denn man diskutiert dort ebenso viele Streitpunkte.

Urban II. und seine Legaten streiten sich nämlich mit den Prälaten des französischen Königreichs über die Bestimmungen einer Reform, deren hartnäckigste Verfechter sie selbst sind, und außerdem über die Regeln eines wirklichen Friedens, der für alle christlichen Königreiche unter dem Namen »Gottesfrieden« verpflichtend sein soll; schließlich berühren sie auch ein für die Franzosen besonders heikles Thema, denn es betrifft ihren König Philipp. Der Papst bemüht sich darum, daß die französischen Bischöfe die Kirchenreform akzeptieren, die von den römischen Behörden 1049 eingeleitet worden war, insbesondere die neue Moral des Klerus, die diesem die Ehelosigkeit und die sexuelle Zurückhaltung auferlegte. Es ist eine harte Aufgabe für den Papst und seine Legaten und eine bittere Pille für die Prälaten. Denn die Lebensweise der meisten Bischöfe hatte den Attacken der Vorgänger Urbans standgehalten; sie betrugen sich weiterhin wie die großen Aristokraten, die sie waren, lebten auf großem Fuß und umgaben sich mit riesigen Haushalten, in denen Frauen und Kinder sehr oft ihren Platz fanden.

Urban kommt, um zugunsten eines Gottesfriedens* und der Waffenruhe im Namen Gottes** zu kämpfen. Er gedenkt auf diese Weise das Instrumentarium zu vervollständigen, das zahlreiche Verantwortungsbereiche in die Hände der Kirche gelegt hat, die traditionell der weltlichen Macht oblagen und denen diese mühevoll Respekt zu verschaffen suchte. Der Papst hatte noch ein anderes heißes Eisen auf die Tagesordnung gesetzt, das auch die Unerschrockensten der Kleriker erstarren und selbst die strengsten Reformer im Königreich Frankreich frösteln ließ. Er verlangt nicht weniger, als den König feierlich zu exkommunizieren. Denn der begeht Ehebruch; in den Augen des römischen Klerus, der versucht, allmählich die neuen Eheregeln in den westlichen Regionen durchzusetzen, ist er ein Bigamist.

Der Versammlung bleibt nichts anderes übrig, als allem zuzustimmen, zum einen, um das Gesicht zu wahren und zum anderen, um sich den unerfreulichen Sanktionen zu entziehen, mit denen die Legaten offen drohen. Aber zwischen all diese schwierigen Entscheidungen sind mehrere Dekrete gerutscht, insbesondere der zweite Kanon, in dem das Konzil einen »Weg nach Jerusalem« »für die Befreiung der Kirche Gottes« erwähnt. Die Freiwilligen werden darin als Pilger

---

* Anm. d. Übers.: Neue Friedensidee und -ordnung im Mittelalter. Der G. strebte einen Zwangsfrieden für alle Bewohner eines Territoriums an, für den der einzelne sein Recht auf Selbstverteidigung (Fehde) abtreten mußte. Im Mittelalter wurde der G. von der Kirche als Befriedung bestimmter sakraler Bezirke (Kirchen und Klöster) und Personengruppen (z. B. Geistliche, Frauen, Waisen, Pilger) durchgesetzt und vom Königtum zur Einschränkung der Rechtsunsicherheit und der Fehde garantiert.

** Anm. d. Übers.: *Treuga Dei*, »Waffenstillstand Gottes«: besondere Form des Gottesfriedens. Sie bedeutete ein absolutes Fehdeverbot für bestimmte »heilige« Zeiten (Donnerstag bis Sonntag, alle Passionstage, Advent, Fastenzeit usw.), dessen Bruch v. a. mit kirchlichen Strafen (u. a. mit Bann oder Interdikt) geahndet wurde.

bezeichnet; sie müssen diesen Weg nach Jerusalem im Geiste reiner Buße antreten, nicht aus dem Wunsch heraus, dort Besitztümer und materiellen Reichtum zu gewinnen[7]. Die Idee einer militärischen Expedition im Auftrag der geistlichen Autorität der Christenheit, eines Kreuzzuges ins Heilige Land, wird hier nur angedeutet. Erst nachdem das Konzil feierlich beendet worden ist, hält der Papst, außerhalb der Kirche, in der die Versammlung abgehalten wurde, nach dem offiziellen Abschluß sozusagen, seine berühmte Predigt. Von dieser Rede existiert keine authentische Niederschrift, keine zeitgenössische »Berichterstattung«, obwohl Penny Cole glaubte, sie auf den ersten Seiten einer wichtigen Chronik des ersten Kreuzzuges, der von Fulcher von Chartres, gefunden zu haben.

Fulcher ist nämlich der erste Historiker des Kreuzzuges, der die Predigt von Clermont erwähnt. Er beschreibt sehr gut die drei Gründe, die den Papst veranlaßt haben, seinen Appell nach der Schließung einer so bedeutenden Versammlung, wie es ein Konzil ist, zu lancieren. Urban II. hat den schwankenden Glauben der Christenheit bedacht, den unaufhörlichen Kriegszustand, in dem sie sich durch die Schuld der Fürsten befand, wie auch die Besetzung ganzer Regionen der christlichen Romania, das heißt des byzantinischen Kaiserreichs, durch die Türken[8]. Und am Schluß einer Predigt, die die Entscheidungen des Konzils und insbesondere die, die Normen für die Waffenruhe Gottes festlegten, durcheinanderbrachte, wollte der Papst einen Hilfsappell für die Christen des Ostens hinzufügen. Die Türken, ein persisches Volk, sagt er, sind bis an den Bosporus vorgedrungen, indem sie »die Kirchen bedrängten und das Königreich Gottes verwüsteten«. Es sei ein Befehl Christi, dieses unheilbringende Volk aus unseren Regionen zu vertreiben. Eine Belohnung wird denjenigen versprochen, die losziehen und den Tod auf dem Weg in den Osten finden werden, zu Land oder zu Wasser oder in der Schlacht gegen die Heiden: Ihnen wird die Vergebung all ihrer Sünden zuteil. Auf diese Weise, fährt der Papst fort, haben ehemalige Diebe die unschätzbare Chance, Vergebung zu finden, indem sie Ritter Christi werden. Denn diejenigen, die früher gegen ihre Freunde und Verwandten kämpften, kämpfen nun mit aller Berechtigung. »Hier waren sie die Feinde des Herrn, dort werden sie seine Freunde sein«[9]. Die Idee des Ablasses, ganz neu und mit einer wunderbaren Zukunft vor Augen, ist deutlich zu erkennen. Aber nicht unbedingt die einer Wiedereroberung von Jerusalem und der Grabeskirche. Auch der Grund, der den Papst dazu getrieben hat, die Alpen zu überqueren, um seinen Appell in Clermont zu verkünden statt in Piacenza, wird nicht deutlich sichtbar. Zweifellos genießt es Urban, seine Einladung an die französischen Ritter von der Auvergne aus zu verkünden, die einigermaßen widerspen-

stig einem König gegenüber ist, der ihn herausfordert. Tatsächlich trägt er in diesem Jahr eine schwierige Partie mit dem Kaiser des Deutschen Reiches und den Königen von England und Frankreich aus. Er weiß, daß sie einer Reform ihrer Königreiche und dem Ausbau der päpstlichen Autorität wenig zugeneigt sind; da er die Krise nicht verschärfen will, hat er einen machbaren Weg der Versöhnung auf weniger gefährlichem Terrain gefunden.

Fulcher von Chartres, der seine Chronik möglicherweise kurz nach 1099 zu schreiben begonnen hat, sagt nicht mehr über die päpstliche Strategie; er schreibt dem Papst nicht einmal die Entscheidung zu, Jerusalem wieder einzunehmen. Dennoch hat der Papst gleich nach dem Appell von Clermont einige Briefe geschrieben. Sie enthüllen seine Einstellung, die sich möglicherweise plötzlich weiterentwickelt hat, um sich schließlich auf ein eindeutiges und klares Bild von Jerusalem und der Grabeskirche zu fixieren. So legt er gegen Ende Dezember 1095 all seinen Getreuen, Fürsten und Untertanen der Grafschaft Flandern die Motive für seine Reise nach Frankreich dar. Er verweist zunächst auf den zunehmenden Druck der Türken im Orient – eine Mitteilung, die überzeugend wirkt. Während die Christen des Ostens bis dahin in einem einigermaßen erträglichen Status quo mit den Kalifen von Bagdad und den Sultanen von Kairo gelebt hatten, kümmerten sich die Türken nicht um die alten Vereinbarungen und brachten die alte Welt durcheinander. »Ihr wißt«, sagt er, »daß eine barbarische Wut durch eine Woge von unglücklichen Ereignissen die Kirchen Gottes in den östlichen Gebieten verwüstet hat. Und, noch schändlicher, hat sie die Heilige Stadt Christi, die durch die Passion und durch die Wiederauferstehung ebenso wie durch ihre Kirchen berühmt geworden ist, einer unerträglichen Knechtschaft unterworfen.« Der Papst ruft daraufhin seine Reise durch die »Regionen Galliens« in Erinnerung – er spricht nicht von Nordfrankreich, sondern von den Fürstentümern des Südens, weil er selbstverständlich sorgfältig die vom kapetingischen König kontrollierten Gebiete umgangen hat. »Wir haben die Fürsten und Untertanen dieser Erde Galliens eindringlich dazu aufgefordert, an der Befreiung der Kirchen des Ostens teilzunehmen, und auf dem Konzil in der Auvergne haben wir ihnen feierlich eingeschärft, sich für dieses Projekt vorzubereiten, um die Vergebung all ihrer Sünden zu erlangen«[10]. Höchst offiziell war also ein Befreiungsunternehmen angekündigt worden. Die Zeitgenossen haben es eindeutig so verstanden, »aus dem großen Land Syriens das Volk der Heiden, das es nun vollständig beherrscht, zu vertreiben«, wie es ein dreiviertel Jahrhundert später Benoît von Sainte-Maure, offizieller Dichter am anglonormannischen Hof, in Erinnerung ruft[11]. Der »Weg nach Jerusalem« sei im übri-

gen eine Pflicht, der sich niemand entziehen dürfe. Und vor allem nicht diejenigen, die ein Vergehen gegen die Kirche auf dem Gewissen haben.

Der Papst spricht ohne Umschweife: Es gibt keinen anderen Leiter oder Verantwortlichen des Feldzuges in den Osten als ihn selbst, aber er hat den Bischof von Le Puy, Ademar, zum »Anführer der Reise und des Unternehmens« bestimmt. Er denkt nicht daran, die Fürsten und Ritter am langen Zügel zu führen: In allen Fragen, die die Angelegenheit betreffen, müssen sie sich den Befehlen, Entscheidungen und Verboten des Bischofs von Le Puy so unterordnen, als kämen sie vom Papst selbst. Urban II. stellt sein Vorhaben eindeutig in den großen Rahmen einer Befreiung der Kirche von jeglicher heidnischen Unterdrückung, und die Herren des Abendlandes, die daran gewöhnt waren, ihren Klerus wie gemeine Diener zu behandeln, hatten sicherlich einigen Grund, über die Warnungen nachzudenken, die ihnen hier gegeben wurden ebenso wie über die Drohungen, die über ihnen schwebten. Der Papst beruhigt sie sogleich wieder: Er macht deutlich, daß die geplante Expedition nicht ohne Vorteile für sie ist, da sie ihnen die Vergebung der begangenen Sünden garantiert. Am 19. September 1096 äußert sich Urban II. genauer über diesen Punkt einer geistlichen Belohnung: »Allen, die [nach Jerusalem] aufgebrochen sind, nicht mit dem Ziel territorialer Gewinne, sondern einzig für das Heil ihrer Seele und für die Befreiung der Kirche, erlassen wir alle Buße für Sünden, über die sie eine wahrhaftige und vollständige Beichte abgelegt haben.« Hier ist er also, der Ablaß.

Zahlreiche Zeitgenossen erinnern sich noch daran, was in Clermont am 27. November 1095 gesagt worden ist. Nicht aber Raimund von Aguilers, der sich allzu häufig darum bemüht zu zeigen, daß sein Herr Raimund von Toulouse der eigentliche Herold und der Anführer des Kreuzzuges ist; er vergißt darüber die Predigt von Clermont, die er im übrigen zweifellos auch nicht gehört hat. Die benediktinischen Äbte Galfredus von Vendôme, Balderich von Bourgueil und Robert der Mönch haben mit ziemlicher Sicherheit am Konzil teilgenommen, und Fulcher von Chartres vielleicht auch: Sie geben zumindest ein Echo der päpstlichen Predigt wieder. Sie haben wenigstens das in ihren Augen Wesentlichste überliefert; und zwar, daß der Papst den Laien befohlen hat, auf einen Pilgerzug nach Jerusalem zu gehen. Der Abt von Vendôme hat außerdem gehört, daß der Papst den Mönchen diese Pilgerschaft verboten hat, eine Aussage, die offensichtlich weit an anderen klösterlichen Ohren vorbeigegangen ist. Aber der anonyme Ritter aus Süditalien und Petrus Tudebodus, die beide nicht in Clermont waren, haben nur eine entfernte Ahnung von der Predigt Urbans II., von der sie nur die allgemeinen Themen mitbekommen haben.

Gent, Universiteitsbibliotheek 1125 (92) (kurz vor 1121, Saint-Omer; 370 x 204 mm), f° 65r°.

1119 beendet Lambert, Kanoniker von Saint-Omer, eine der berühmtesten Enzyklopädien des 12. Jahrhunderts; er kennt keinerlei Beschreibung von Jerusalem und dem Heiligen Land. Er kennt hingegen zahlreiche Teilnehmer des Kreuzzuges und zitiert ihre Erzählungen; er erinnert im übrigen an den historischen Bau des Tempel durch Salomo nach dem Buch der Chronik. Aber das einzige Jerusalem, das in seinen Augen zählt, ist das himmlische Jerusalem, das der Heilige Johannes in seinem Buch der Offenbarung (Offenbarung 21, 2 und 21, 11) zeigt, wie es vom Himmel herniedersteigt. In seinen Augen ist es rund, wie der Erdkreis, an dessen Stelle das neue Jerusalem tritt. Johannes sah es aber quadratisch, mit drei Toren auf jeder Seite, jedes von einem Engel bewacht. Die Stadt von Lambert von Saint-Omer erhebt sich auf einem Felsen, verstärkt mit Mauern und mächtigen Türmen. Zwölf Türme, einer für jeden Apostel, und im Zentrum der des Petrus, der des Papstes. Lambert ist sich mit allen christlichen Gelehrten seit der Zerstörung von Jerusalem durch Titus und Vespasian im Jahr 70 einig. Die himmlische Stadt, das ist die ewige Kirche, ein herrlicher Garten, und nicht das Jerusalem aus Fleisch und Steinen.

Alle diese Männer gehören der kirchlichen Welt an. Was aber hatten die anderen, die Laien, verstanden?

ERINNERUNGEN EINES ABWESENDEN

1096 schreibt Fulco »le Réchin«, Graf von Anjou, eine kurze Erzählung seiner Heldentaten. Er erinnert daran, daß im Jahr zuvor Papst Urban in Angers »unsere Leute gedrängt hat« nach Jerusalem zu ziehen, um dort das heidnische Volk mit Gewalt zu vertreiben, das von dieser Stadt und allen Gebieten der Christen bis nach Konstantinopel Besitz genommen hatte[12]. Die Ritter von Anjou, die »von der einschmeichelnden Predigt des allerhöchsten Papstes Urban« angerührt waren, haben die Ermahnung wie ein »Edikt« verstanden, »nach dem sich alle nach Jerusalem begeben sollten [...] um die Vergebung all ihrer Sünden zu erlangen«[13]. Graf Fulco hat nicht so ein feines Ohr und behält einen kühlen Kopf. Er weiß nichts von dem Konzil von Clermont. Auch kann er sich nicht daran erinnern, gehört zu haben, daß der Papst von einem Pilgerzug gesprochen hat. Diese religiöse Übung bereitet ihm kaum Sorgen. Seine Vorfahren sind ausdauernd und viel gereist. Er selbst hat sich bis jetzt kaum darum gekümmert, die heiligen Reliquien zu besichtigen. Die Pilgerreise löst in jenen Zeiten zu sehr die Vorstellung einer persönlichen Schuld aus, das Bestreben, sich von begangenen Sünden reinzuwaschen.

Nun hat es Fulco aber eilig, vergessen zu machen, daß er nicht nur den Tod von Männern auf seinem bereits schwer belasteten Gewissen hat – das ist etwas sehr Banales für einen Kriegsherren –, sondern daß er auch der Mörder seines eigenen Bruders ist, den er in einem angevinischen Verließ umkommen ließ, ja vielleicht sogar mit seinen eigenen Händen erdrosselte. Sein Gewissen verweigert nun die Erinnerung an einen Aufruf zur Pilgerreise, der zweifellos an ihn gerichtet ist, und der er sich mit Sicherheit zu unterziehen verdiente. Doch dazu verspürte er keineswegs den Wunsch. Graf Fulco erinnert sich auch nicht an die Idee der Befreiung der Kirche von Jerusalem, und schon gar nicht an das Werk der Läuterung der Weltkirche. Diese schönen Ideen bewegen den berüchtigten Plünderer, der er immer gewesen und noch immer ist, keineswegs: Den Beweis dafür erbringen die Kirchen seiner Grafschaft, die alle nur noch einen ganz geringen Besitz ihr eigen nennen können.

Fulco erinnert sich hingegen daran, gehört zu haben, daß von einem Krieg die Rede ist, der geführt wird, um zu jagen, zu kämpfen und mit der

Waffe in der Faust zu töten, eben das zu tun, wozu jeder gute Ritter erzogen wurde. Kein Raubzug zum Plündern, kein Rachefeldzug, um eine bedrohte Ehre zu verteidigen, und auch keine Horde von betrunkenen Rohlingen wurde erwähnt: All diese Ausschreitungen gehörten auf die private Ebene. Das klänge absurd im Munde eines hohen Geistlichen, und noch viel mehr in dem des Papstes von Rom, des höchsten Prälaten einer Kirche, die sich seit einem guten Jahrhundert abmüht, Projekte für den allgemeinen Frieden zu unterstützen. Nein, was das Gedächtnis dem Grafen wieder in Erinnerung bringt, ist die bloße Aufforderung zum Krieg. Eine gigantische Schlägerei, eine Jagd auf die Besatzer

Paris, Bibliothèque nationale de France, lat. 4802 (gegen 1475, Neapel oder Paris?; 595 x 440 mm), f° 135r°.

Die Vorliebe für topographische Darstellungen hat im 15. Jahrhundert zugenommen. Aber im großen Atlas, der von Hugo von Comminelles für Alfonso, den Herzog von Kalabrien und Enkel von König René, hergestellt wurde, bleibt Jerusalem quadratisch. Von der großen Moschee al-Aksa sieht man nichts, aber um so mehr hebt sich die Grabeskirche heraus und dominiert alles, ein wirklicher Tempel der Geschichte.

der Gebiete zwischen Jerusalem und Konstantinopel – soviel hat er verstanden. Ein richtiger Krieg, das heißt ein organisierter Feldzug, dazu bestimmt, den Gegner zu vernichten, im Auftrag und unter Leitung einer offiziell dazu bestimmten Autorität, geplant wie ein Handelsgeschäft. Dieser Krieg geht über die üblichen Ziele der Scharmützel und Kämpfe hinaus, an die er gewöhnt ist. Die offiziellen Chronisten des ersten Kreuzzuges sprechen nämlich von einem »Krieg« *(bellum)*, um die Bedeutung des Kampfes auf Leben und Tod mit fast kosmischen Ausmaßen hervorzuheben. In diesem Krieg durfte der Herr den Seinen nicht den Sieg versagen.

Gegen wen sollte aber Krieg geführt werden? Gegen die Heiden, erinnert sich Fulco, will heißen gegen die Anbeter von Götzen, die Schänder der heiligen Stätten, und nicht etwa gegen »Ungläubige«, wie manche Schöngeister glaubten. Unter diesen Heiden ist es genauer gesagt ein Volk, das andere Texte um 1100 als Muselmanen[14] bezeichnen und das seine Hand auf alle Gebiete der Christen gelegt hat, von Jerusalem bis zu den Toren von Konstantinopel. Der Graf von Anjou verschwendet keinen Gedanken daran, daß der Feind auch in einer Region wütet, die näher liegt als das Reich von Konstantinopel, in Spanien zum Beispiel; gleichwohl haben zahlreiche Ritter des französischen Königreichs auf ihrem Weg zu den Schlachtfeldern Kataloniens und Aragons seine Grafschaft durchquert. Seine Sicht der Vergangenheit, die nicht allzu weit über das hinausgeht, was er seinen Urgroßvater hat erzählen hören, scheint dem Gedanken keinen Platz zu lassen, daß dieses heidnische Volk das Leben der christlichen Länder des Mittelmeerraumes seit mehr als fünf Jahrhunderten vergiftet. Ganz im Gegenteil bekundet er, verstanden zu haben, daß der vorgeschlagene Krieg jetzt eine Angelegenheit für die Gesamtheit der Christen ist, die einen gemeinsamen Feind entdeckt hat. Keines der ursprünglichen Zeugnisse aus der Zeit vor der Ankunft der Kreuzfahrer in Kleinasien scheint über die Realität im Bilde gewesen zu sein, die die Kreuzfahrer schon sehr bald entdecken werden: die Vielzahl der Völker mit muslimischen Glauben. Muß man annehmen, daß der Graf von Anjou, der besser informiert ist als viele andere, weiß, daß der große Gegner fortan der Türke ist, der Herr in fast ganz Kleinasien? Will er die Fatimiden aus Ägypten vergessen, die dabei sind, die Offensive gegen die Türken wieder zu eröffnen und Jerusalem 1098 auch zurückerobern werden?

Warum, um ehrlich zu sein, sollte sich der Graf mit solch diplomatischen Betrachtungen aufhalten? Es genügt ihm, wie allen seinen Zeitgenossen, sich eine wohlfeile Gemeinschaftsidentität zu schmieden, auf dem Rücken von Geg-

nern, mit denen er keinerlei Gemeinsamkeiten hat, weder physisch noch mora-
lisch. Mit anderen Worten, der alte Réchin entdeckt sein Gewissen als Christ[15].
Er ist nicht der einzige, der so denkt. Denn auch wenn das Wort »Christenheit«
nicht neu ist, so setzt erst in jenen Jahren die bewußte Wahrnehmung seiner
Bedeutung ein: Es handelt sich von nun an um einen geschützten und mit
besonderen Privilegien ausgestatteten Bereich, zugleich aber auch um eine terri-
toriale Einheit, die gleichermaßen im Westen wie im byzantinischen Reich gül-
tig ist. In den kapetingischen Besitzungen hat der Klerus seit kurzem die
Gewohnheit angenommen, eine Unterabteilung der Diözese, den Bezirk des
Archidiakons, »Christenheit« zu nennen. 1086 spricht ein militärischer Kom-
mandant des Abendlandes im Dienste von Alexios I. Komnenos von den »Feinden des Kreuzes und des Reiches«[16]. Folgt man dem normannischen Ritter und
seinen bedeutendsten Nachahmern, so verspricht Fürst Bohemund von Tarent
einem türkischen Emir das »Christentum«, das heißt, die geistlichen Privilegien,
aber auch den physischen Schutz, der auf dem Gottesfrieden und der Waffenruhe Gottes beruht, wenn er ihm die Tore von Antiochia öffnet[17]. Auf die
Offensive der Muselmanen ist die Antwort einfach, und der Graf hat sie bestens
verstanden: Man muß die Besatzer von Jerusalem und der kleinasiatischen
Gebiete vertreiben.

AUFRUF ZUM MARTYRIUM

Aber der alte Réchin bleibt taub gegenüber einem wichtigen Thema der Predigten Urbans II. in den Jahren 1095–1096. Der normannische Ritter trägt 1101
hierzu ein wichtiges Zeugnis bei, weil er den Geschehnissen am nächsten ist.
Nach seiner Ankunft in Frankreich, *begann der Papst hervorragend zu argumentieren
und zu predigen. Er sagte dies: Wer immer auch seine Seele retten wolle, dürfe nicht
zögern, bescheiden den Weg des Herrn einzuschlagen, und wem es an Geld mangele, dem
gebe die göttliche Barmherzigkeit im Überfluß. Der Herr Papst sagte noch:* »Brüder, Ihr
werdet viel für den Namen Christi leiden müssen, das Leid, die Armut, die Blöße, die Ver
folgungen, die Entbehrungen, die Krankheiten, den Hunger, den Durst und so weiter.
Christus hat nämlich zu seinen Anhängern gesagt: »Ihr werdet viel in meinem Namen
leiden müssen (vgl. Apostelgeschichte 9,16), und errötet nicht, wenn Ihr vor den Menschen sprechen müßt. Denn ich werde Euch die Worte und die Beredsamkeit geben (vgl. 2
Timotheus 1,8 und Lukas 21,15). Und danach werdet Ihr eine großzügige Belohnung
erhalten« (vgl. Matthäus 15,12 und Kolosser 3,24)[18].*

Paris, Bibliothèque nationale de France, grec 923 (9. Jahrhundert, Süditalien oder Rom; 356 x 265 mm), f° 258v°.

Im 9. Jahrhundert illustriert ein italienischer Maler, der dem griechischen Kult anhängt, das Florilegium der *Sacra Parallela*, das dem Heiligen Johannes Damascenus zugeschrieben wird. Er folgt dem in seiner Welt gültigen Kanon: Das Jerusalem, das die *Lamentationes* des Propheten Jeremias auslöst, ist eine kleine byzantinische Stadt, die von einer kaum mit Zinnen versehenen Mauer umgeben und deshalb wenig für die Verteidigung geeignet, aber statt dessen reich mit blindem Bogenwerk verziert ist, dessen einer Bogen eine verschlossene Tür beherbergt.

Der normannische Ritter weiß weder etwas von dem Aufruf von Clermont noch vom Konzil. Er scheint nicht einmal zu wissen, daß der Papst auch über andere Dinge als den Kreuzzug zu verhandeln hatte, und daß seine Anwesenheit in Frankreich durch das Unternehmen einer allgemeinen Reform der Kirche gerechtfertigt war. Korrekterweise legt er den Ursprung des Kreuzzuges in die Reden und die Predigten, die Papst Urban II. in Frankreich gehalten hat. Er wirft auch mehrere Themen durcheinander, die sicherlich von den Predigern, die einer Kreuzzugsmission nahestanden, weitergetragen wurden. Der Feldzug, dessen Schilderung er, und in seiner Nachfolge der Priester Petrus Tudebodus, beginnt, wird von Anfang an als eine religiöse Begeisterung beschrieben, in der die Bedeutung der Sittenstrenge und der freiwilligen Buße im Namen Christi übertrieben wird. Beide stellen diesen Enthusiasmus als eine im Königreich

Paris, Bibliothèque nationale de France, lat. 18 (Ende des 13. Jahrhunderts, Bologna; 455 x 280 mm), f° 149v°.

Das wirkliche Israel gewinnt man durch Blut und Tränen. Nach der Gefangenschaft in Babylon haben die Hebräer von Kyrus die Erlaubnis erhalten, Jerusalem wieder zu besiedeln. Nach der Neugründung des Tempels durch den Priester Esdras beginnt Nehemia den Wiederaufbau der Mauern von Jerusalem. Der Maler hätte sich an den Buchstaben des Buches von Nehemia halten, und sich, wie es üblich war, darauf beschränken können, eine Gruppe von Maurern darzustellen sowie Nehemia als Redner, der ebenso vor Jerusalem wie auch vor Artaxerxes kniet. Angezogen von den inneren Welten zeigen die Italiener der Zeit Giottos aber die Errichtung und die Dekoration ihrer Stadtpaläste.

52

Frankreich weit verbreitete und allgemein geteilte Bewegung *(motio)* dar, die sogleich vom Papst und den Bischöfen unterstützt, gefördert und wachgehalten wird. Zu Anfang ist der Kreuzzug Ausfluß eines massiven inneren Drangs, nun wird er zu einem Werk der Überredung in Form von weitschweifigen, überschwenglichen und immer zahlreicheren Ermahnungen, Reden und Predigten, eine Aufgabe, für die der Klerus besonders geeignet ist.

Petrus Tudebodus fügt seiner Quelle kaum etwas hinzu. Für Simeon, den griechischen Patriarchen von Jerusalem (der sich den Lateinern anschloß, um seinen Sitz schneller einnehmen zu können), für den anonymen Ritter und für ihn selbst wurden die Männer, die sich auf den Weg zum Heiligen Grab begaben, von einer religiösen Idee in Bewegung gesetzt. Sie wollten das Kreuz Christi nehmen, seinen Spuren folgen, und zwar sofort, ohne Angst vor dem Morgen, ohne sich um die Schnürsenkel ihrer Schuhe zu kümmern oder um den Inhalt ihres Ranzen oder ihrer Börse. Zum Teufel mit den täglichen Kümmernissen und den finanziellen Sorgen! Selbst die kriegerische Begeisterung spielt hier keine Rolle: Die guten Geistlichen haben damit nichts zu tun, und der weltliche Ritter, der noch immer von seiner großartigen Tat begeistert ist, fügte sich in diese ganz spirituelle Neuinterpretation einer Geschichte aus Blut und Tränen ein. Er gehört zweifellos der kultivierten Elite des jungen normannischen Königreichs in Süditalien an, das sich seit kurzem dem Programm der Erneuerung der alten christlichen Welt angeschlossen hat, das die römischen Päpste in Angriff genommen haben. Petrus Tudebodus gehört dagegen der neuen Schicht der Reformer an, die von den Domschulen des kapetingischen Reiches, der Normandie und Aquitaniens geformt worden sind. Wie ein Robert von Arbrissel, ein Hildebert von Lavardin, ein Anselm von Laon oder selbst ein Pierre Abaelard, glaubt er, daß das Heil der Menschheit nicht im Zwang liegt, sondern in dem persönlichen Willen, Christus nachzueifern und seinen Worten getreu zu folgen. Was den griechischen Patriarchen von Jerusalem angeht, so drängt er die Christen des Abendlandes in einem leidenschaftlichen Brief, sich ins Heilige Land aufzumachen. »Ist der unschuldige Gott nicht für uns gestorben? Sterben wir also auch, wenn es sein muß, nicht für Ihn, sondern für uns [...]. Kommt also, eilt herbei, um die doppelte Belohnung entgegenzunehmen, die des Reiches der Lebenden und die des Reiches, wo Milch und Honig fließen. Sehet, Ihr Herren, überall sind die Wege durch unser vergossenes Blut geebnet, bringt nichts mit Euch«[19].

Und der Ritter und Petrus Tudebodus rufen im Chor aus: »Brüder, von nun an müßt Ihr tausend Leiden im Namen Christi erleiden«[20]. Der Papst hätte

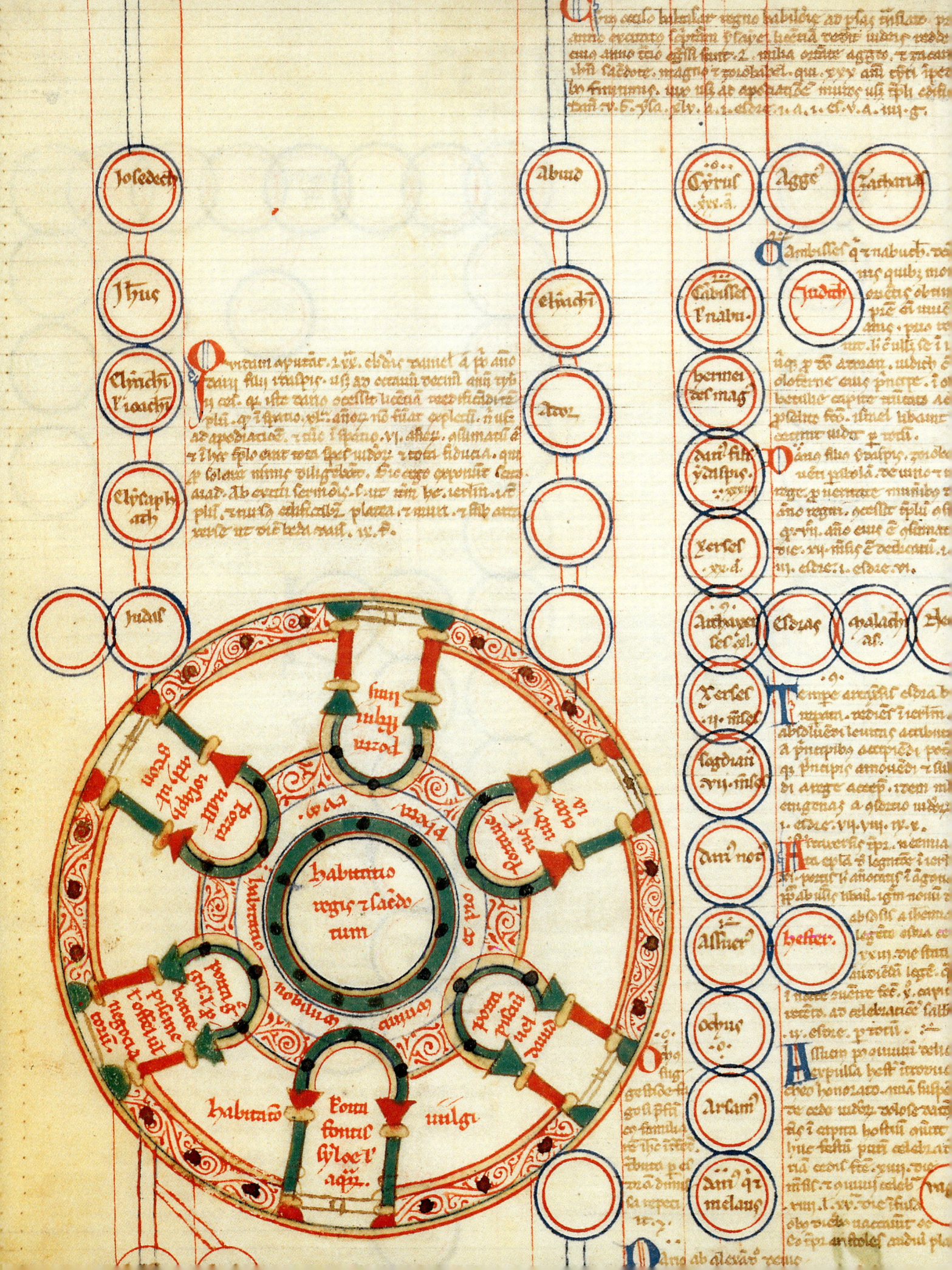

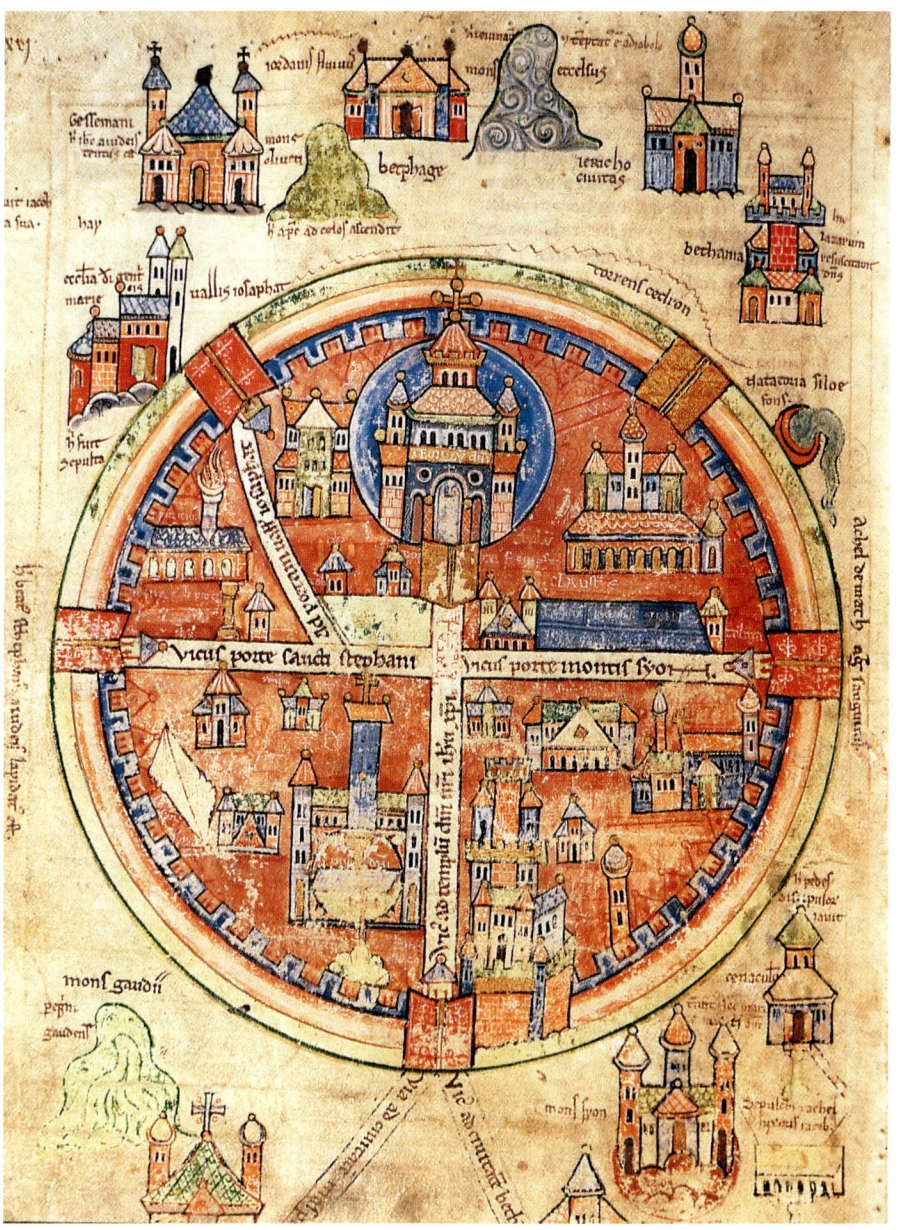

danach also die Franken aufgefordert, sich in ein gefährliches und riskantes Abenteuer zu stürzen, und das im Namen Christi: Die Expedition grenzt an ein angekündigtes Martyrium, das von den Teilnehmern gesucht wird. Und, einige Zeilen weiter unten, beginnen unsere beiden Autoren dann das Martyrologium derjenigen, die im Namen des Herrn gestorben sind[21]. Sie haben keinen Zweifel daran: Die Toten des Kreuzzuges haben bereits vom Herrgott den Palmenzweig erhalten, der den Märtyrer auszeichnet und der ihnen Einlaß zu den besten Plätzen am Hof des himmlischen Königs gewährt. Fulcher von Chartres weiß aus

sicherer Quelle, daß Gott alle Toten aus dem christlichen Lager gutgeheißen hat, gleich auf welche Art sie gestorben waren: Hat man nicht das Zeichen des Kreuzes auf den Leichen der während der Einschiffung in Brindisi zu Ostern 1097 Ertrunkenen gesehen[22]?

Den Ereignissen sehr nahestehend, enthusiastisch und sich deshalb auch der Berechtigung des Heiligen Krieges gewiß, verteilt der Ritter großzügig die Märtyrerzeugnisse, ebenso viele an die Armen, die auf dem Weg nach Jerusalem vor Hunger starben, wie an die Krieger, die auf dem Schlachtfeld gefallen waren. Während der Belagerung von Nikäa (vom 6. Mai bis 26. Juni 1097), *erhielten viele von uns das Martyrium, fröhlich und glücklich übergaben sie ihre zufriedenen Seelen Gott, während unter den ganz Armen viele vor Hunger im Namen Christi starben. Alle, die im Triumph zum Himmel emporstiegen, zogen das Gewand des Märtyrers an, das sie erhalten hatten, und sagten mit einer einzigen Stimme »Räche, oh Herr, unser Blut, das für Dich vergossen wurde, für Dich, der Du gesegnet seist und würdig der Lobpreisungen von Ewigkeit zu Ewigkeit, Amen«* (Offenbarung 6,9–10)[23]. *An diesem Tag [6. März 1098] erlitten mehr als tausend unserer Reiter und unserer Fußtruppen das Martyrium: Wie wir es glauben, stiegen sie gen Himmel auf und erhielten das weiße Kleid der Märtyrer*[24].

Die Kreuzfahrer vor Antiochia waren davon überzeugt. Ein glücklicherweise erhalten gebliebener und authentisch erscheinender Brief, der vom Patriarchen von Jerusalem Simeon und dem Bischof von Le Puy Ademar an alle Christen Nordeuropas gesandt wurde, erzählt von einer Vision, die Simeon hatte. »Der Herr ist ihm in einer Vision erschienen und hat all jenen, die an dieser Expedition teilnehmen, versprochen, daß am schrecklichen Tag des letzten

Gerichts jeder von ihnen gekrönt vor Ihn treten werde«[25]. In der Aufforderung zum Martyrium, nach dem Vorbild des Herrn auf seinem Passionsweg, und in der Heraufbeschwörung der göttlichen Rache tauchten in jenen Jahren immer wieder dasselbe Leitmotiv und dieselben Akzente auf, die auch in einem außergewöhnlichen Kommentar der Apokalypse häufig zu finden sind, der, wie ich glaube, in der Kreuzzugsbegeisterung entstanden ist und etwa fünfzehn Jahre später von einem Domherr aus Nordfrankreich, Lambert von Saint-Omer, wiedergegeben wurde[26]. Der normannische Ritter zweifelt nicht einen Moment daran, daß den Kreuzfahrern eine himmlische Belohnung verheißen ist. Petrus Tudebodus fügt noch mehr hinzu: Er erzählt mit Wonne vom Martyrium des Ritters Rainaud Porchet und der christlichen Gefangenen, die von den Türken im belagerten Antiochia zurückgehalten werden. Die Zusicherung einer Belohnung im Jenseits war ohne jeden Zweifel vom Papst selbst in seinem Aufruf vom 27. November gegeben worden.

Aber welche Belohnung? Genossen die Pilger nach Jerusalem, die ihr Leben im Kampf verloren, ein besseres Los als diejenigen, die vor Müdigkeit und Entbehrungen starben? Als der Bischof von Le Puy, Ademar von Monteil, am 1. August 1098 in Antiochia im Frieden mit dem Herrn stirbt, empfindet der normannische Ritter großen Schmerz. Der Kleriker Petrus Tudebodus aber hat einen stärkeren Sinn für die verborgenen Dinge, denn er sieht den Leichnam des frommen Ademar zu Abraham, Isaak und Jakob auffahren, in die Bereiche also, in denen, mangels eines wirklichen Fegefeuers, das noch nicht erfunden worden ist, die Leichname der Gerechten die Wiederauferstehung des Fleisches erwarten, die nach dem Jüngsten Gericht stattfinden wird. Er hat noch weniger Zweifel über das Schicksal der Seele Ademars, die er unter den Engeln frohlocken sieht[27]. Und so sah die vom Papst garantierte Belohnung aus, am Ende so vieler Anstrengungen auf einem spirituellen Weg.

ninerement sust laurenest
de Reins Apres seoit
lempirur Apres seoit
le Roy ainsi come on milieu
du sront de la sale Apres seoit
le Roy de srance seoit le Roy

des romains · Et auoit autant de distance
du Roy au Roy des romains come du
Roy a lempereur · Et auoient lempereur
le Roy et le Roy des romains chastun se
puremeut vn ciel de drap dor brode de velin
au aus armes de srance · et par dessus ceulz

Der Papst
und die Könige

Paris, Bibliothèque nationale de France, fr. 2813 (1380, Paris; 350 x 240 mm), f° 473v°.

Der Papst hatte zu überzeugen gewußt. Seit dem Frühling des Jahres 1096 stellten einige zehntausend Männer ihren Enthusiasmus für den Weg nach Jerusalem überall dort, wo die päpstlichen Boten den Appell hingetragen hatten, unter Beweis. Urban II. hatte an alles gedacht. Er bot seinen Leuten einen juristischen Status an und ein eindeutiges Zeichen. Die Menschen dieser Zeit stellten sich ihre Gesellschaft nach dem Muster der himmlischen Welt vor, die sie in harmonische Hierarchien untergliedert wußten; sie konnten sich die Völker auf Erden nicht anders als in Klassen vorstellen, davon gab es im diesem Fall drei, denn die Zahl der Trinität ist mehr als vollkommen. Zunehmend strengere Klassifizierungen werden nach und nach die Nuancen hinzufügen, die bei der wachsenden Komplexität der Königreiche und der städtischen Bevölkerungen erforderlich sind.

Selbstverständlich mußten diese Freiwilligen in Kategorien eingeordnet werden, die sie gleichzeitig identifizierte und schützte. Es war eine gute Idee, diese Menschenmassen in die Klasse der Pilger einzuordnen, die eindeutig definiert war dank der festgelegten Regeln, die ein Jahrhundert zuvor in jener Auvergne formuliert worden waren, in der der Papst seinen Aufruf verkündete. Gegen 975 nämlich hatten sich einige Prälaten, die es müde waren, ständig von den Bewaffneten der Gegenseite ausgeraubt, geplündert und erniedrigt zu werden, vereinigt, um eine Gegenwehr zu ersinnen. Der Keim des Grolls trieb eine unerwartete Blüte, die Idee des Gottesfriedens. Diese Männer der Kirche, Herren von Stand, die das Schwert ebenso leicht führten wie ihre weltlichen Brüder und Verwandten, hatten sich einiger Aussagen des Evangeliums nicht erwehren können, die vom Frieden zwischen Männern, die guten Willens seien, sprachen. Sie hatten also die weltlichen Fürsten aufgefordert, sich ihnen in gemeinsamen Konventionen anzuschließen, die die Kirchen, die Händler und

Am 6. Januar 1378 richtet der König von Frankreich, Karl V., für Kaiser Karl IV. und seinen Sohn Wenzel, den König der Römer, die ihn in Paris besuchen, ein großes Bankett aus. Als »Zwischengang« wurde den Gästen eine Theateraufführung der Einnahme Jerusalems durch die fränkischen Ritter präsentiert. Der Hundertjährige Krieg, der bis dahin getobt hatte, hatte eine Ruhepause eingelegt, und der neue König von England, Richard II., zeigte sich offen für den Frieden. Man konnte also am Fuß der Leiter den König von England, der nicht am Kreuzzug teilgenommen hatte, mit dem Grafen von Flandern, der dort war, zusammenbringen. In einem kleinen Boot, das die Banner der Auvergne, Englands und Flanderns trug, predigt unter dem am Mast gehißten Banner von Jerusalem Peter der Eremit den Königen. Die Einheit der Christenheit reformiert sich so in der Vorstellungswelt zu einem Zeitpunkt, als in der Realität das Große Schisma des Abendlandes beginnt.

die Armen unter Androhung schwerer geistlicher Strafen vor Übergriffen jedweden Gesindels schützen, und die Menschen zum Reich des Friedens und der Gerechtigkeit führen sollten, das Christus ihnen versprochen hatte. Ihre Vereinbarungen hatten sich schnell verbreitet. Gleichwohl haben sich in der Auvergne, und insbesondere in Clermont die lebhaften Erinnerungen an diese Ereignisse am besten erhalten. Seitdem hatten die Bischöfe und Fürsten des kapetingischen Königreiches vorsichtigerweise die Einrichtungen dieses Friedens wieder erneuert. Diente er nicht den Interessen aller?

DIE MÄNNER DES KREUZZUGES

Doch im Unterschied zu diesen unbewaffneten Pilgern, von denen diese hundertjährige Übereinkunft spricht, durften die Pilger Papst Urbans Waffen tragen. Obwohl ihre Todeswerkzeuge mit denen der Heerscharen des Teufels identisch waren, weihten die Krieger des Kreuzzuges die ihren einem beinahe liturgischen Dienst, dem Kampf für Gott, einem heiligen Krieg, der dem Handeln der Männer und ihren Waffen eine positive Bedeutung gab. Aber wie konnte man das Gute vom Bösen unterscheiden? Man wußte, daß zur Zeit des Gottesfriedens die Stätten der religiösen Zuflucht durch Kreuze gekennzeichnet wurden, um eine ebenso materielle wie spirituelle Grenze zu errichten zwischen der Welt, in der das Gute triumphiert, und derjenigen, in der man sich vom Anbeginn der Welt bis zu ihrem Ende um keinen Preis den Kräften des Bösen zu entziehen vermochte. Warum sollte man nicht die guten Krieger nach dem Vorbild der sicheren Zufluchtstätten kennzeichnen? Die Männer und Frauen suchten also nach kleidsamen Gewändern in auffälligen und anziehenden Farben, wie die, die ihnen von Händlern aus Genua, Pisa, Amalfi oder Venedig, aus Sizilien oder dem Orient mitgebracht wurden. Urban II., der mit der aristokratischen Suche nach dem Ideal vertraut war, hat sich klugerweise ein Zeichen aus Stoff ausgedacht, dessen Tragen das persönliche Engagement einer Person im guten Krieg, zu dem er selbst, der Papst, aufgerufen hatte, anzeigte. Während der Osterfeiern 1096 legte eine große Zahl von Rittern den Eid ab, mit der Armee Gottes loszuziehen, um die von den Heiden eingenommene Heilige Stadt wiederzuerobern. Um der Welt ihre Zugehörigkeit zum guten Lager zu zeigen, nähten sie auf ihr Kettenhemd oder ihr Obergewand ein gewebtes Stoffkreuz. Das bedeutet es also, das Kreuz zu nehmen: Es bedeutet, persönlich einen religiösen Bund einzugehen, der unter Androhung der Exkommunizierung einzuhalten ist, es bedeutet, ein Gelübde abzulegen, mit der Armee der Heiligen unter dem Banner Christi auszuziehen.

Die Krieger waren nicht die einzigen, die sich verpflichteten. Außer den Rittern eilten auch wirkliche Pilger herbei und diejenigen, die die Zeitgenossen als Arme bezeichneten und die bar jeden herrschaftlichen Schutzes wie auch bar jeder Waffe oder jeden Besitzes waren. Auch Frauen zogen los. Es sind diejenigen, die der Prediger Peter der Eremit während des Winters von ihren Feldern und aus ihren Berufen geholt hat, vor allem in Frankreich, im Berry, im Orléanais, im Umland von Chartres, im Beauvaisis und in der Champagne, schließlich auch in Lothringen, das dem Reich angehörte. Auch Kinder waren dabei. Aber hat man diese Leute ohne Waffen aufgefordert, einen Eid abzulegen? Sie werden manipuliert von adligen Herren ohne Skrupel wie dem Deutschen Emicho von Leiningen, dem Anstifter eines Pogroms, oder von einem Walter Ohne-Habe, offensichtlich einer dieser jungen ungeduldigen Ritter. Es sind enttäuschte Erben, die die unerträgliche väterliche Langlebigkeit kompensieren, indem sie auf Abenteuer ziehen. Diese »Armen«, die sich zu ausgemergelten Einheiten

zusammenschließen und für die die Anführer des Kreuzzuges manchmal aus
Mitleid sorgen müssen, bleiben abseits von der Armee der Ritter. Von ihnen
blieb vor Jerusalem nur eine ganz geringe Anzahl übrig gemessen an all jenen,
die die Kälte und die Trockenheit, der Durst und der Hunger, die Plünderer und
die Angehörigen der türkischen Armee zu Tausenden dezimiert und vernichtet
haben.

Waren keine Könige dabei? Dazu komme ich noch. Fürsten haben mit
Sicherheit das Kreuz genommen. Herren von großen Fürstentümern, von denen
sich einige einer größeren Macht als der kapetingische König erfreuten. So der
Graf von Toulouse, Raimund IV. von Saint-Gilles, der Herzog der Normandie,
Robert Kurzhose, der Graf von Flandern, Robert, der Herzog von Lothringen,
Gottfried von Bouillon, oder der Graf von Chartres und Blois, Stephan. Aus der
Familie des kapetingischen Königs ist nur sein Bruder Hugo »der Große« (»le
Mainsné«, [»der Jüngere«] der Chronisten) dabei, Graf von Vermandois, der laut
Fulcher von Chartres die Spitze des Zuges übernimmt[28]. Mit den Fürsten ziehen
Tausende von Rittern, alle Edelleute ihrer Höfe und zahlreiche kleine Herren.
Dazu kommen noch einige reiche Patrizier der italienischen Städte, zum Beispiel

aus Genua die Embriaco, die schon früh den zu erwartenden Profit gewittert haben. Die meisten Italiener haben dennoch abgewartet. Bevor er zum Legat ernannt wurde, war Daimbert von Pisa Herr über seine Stadt, und so wartete er vorsichtig ab, bevor er als Leiter und Führer *(rector et ductor)* einer Flottille von einhundertzwanzig Schiffen in See stach[29]. Desgleichen warteten die klugen Venetianer auf die gute Nachricht von der Einnahme Jerusalems, bevor sie eine Flottille, die dem Bischof von Castellano und den Söhnen des Dogen von der Regierung anvertraut wurde, in Richtung Orient entsandten[30]. In beiden Fällen haben die Italiener den offenkundigen Willen Urbans II. erkannt, der einen Kreuzzug unter geistlicher Führung wollte.

DAS SCHWEIGEN DER KÖNIGE

Dieser Kreuzzug bestätigt eindeutig den Triumph des Papstes über die Könige, die sein Vorgänger und er selbst wegen ihres Widerstandes gegen die römischen Reformen exkommuniziert haben. Exkommuniziert wird nämlich der Kaiser und König des Deutschen Reiches, Heinrich IV., der sich dagegen sträubt, auf eigenhändig eingesetzte Bischöfe zu verzichten. Eine seiner Kreaturen hält als Gegenpapst Rom und verbietet Urban den Zutritt: Er läßt die flämischen und französischen Kreuzfahrer laut verhöhnen, als sie 1096 auf ihrem Weg nach Jerusalem die Stadt passierten[31]. Exkommuniziert wird der König der Franzosen, Philipp I., und zwar nicht wegen seines hartnäckigen Widerstandes gegen die freie Wahl der Bischöfe – er teilt ihn mit dem Kaiser und einer großen Mehrheit der Prälaten des Königreichs Frankreich –, sondern weil er Bertrada von Montfort entführt hat und in ehebrecherischer Verbindung mit ihr lebt. Der Ehemann der Schönen ist niemand anderer als der Heuchler Fulco Réchin, der sie offenbar losgeworden ist, indem er sie in das königliche Bett steckt und heimlich über die Schwierigkeiten lacht, die für den Kapetinger daraus entstehen. Exkommuniziert wird auch der König von England durch den Erzbischof von Canterbury, Anselm, gleichermaßen wegen seines erbitterten Widerstandes gegen die Kirchenreform. Ganz zu schweigen von den Vertretern all dieser Könige vor Gericht, die von den Legaten hinweggefegt werden, obwohl sie die örtlichen Episkopate vergeblich zu mehr Verständnis zu überreden suchen. Fulcher von Chartres drückt es sehr fein aus: »Weil in allen Teilen Europas dem Frieden, dem Guten und dem Glauben in und außerhalb der Kirchen von den Mächtigen wie von den kleinen Leuten auf böse Art zugesetzt wurde, mußte das Böse ausgetrieben werden, und die Waffen, die so lange für den Kampf zwischen den Christen bestimmt waren, auf Einladung von Papst Urban nun gegen die Heiden eingesetzt werden«[32]. Weniger umstritten, diplomatischer und konzilianter als sein Vorgänger Gregor VII. war Papst Urban von Königtümern ohne Führungsspitze umgeben. Er konnte sich zu Recht zum Anführer des Kreuzzuges erheben, und die Fürsten zögerten kaum, sich unter seinem Banner zu engagieren, das sich höher als jemals zuvor zu erheben schien, höher auf jeden Fall als das ihrer gedemütigten Könige.

DER KAISER VON KONSTANTINOPEL

Zwischen den abendländischen Königreichen und Jerusalem erstreckte sich das Kaiserreich von Konstantinopel. Die Kleriker aus Rom wußten, daß sie keine sehr große Hilfe von seinen Herren erwarteten konnten. Die Griechen hatten schweren Herzens die Bildung eines westlichen Reiches durch Karl den Großen akzeptiert, aber andere Streitpunkte, in denen sich wie gewöhnlich Politik und Religion vermengten, hatten einen tiefen Graben zwischen Ost und West gezogen. Der Austausch heftiger Bannbullen 1054 war nur eine Episode unter vielen. Erst kürzlich, 1078, hatte Gregor VII. den Kaiser exkommuniziert, den Basileus Nikephoros III. Botoneiates, weil dieser, ohne jedes weitere Verfahren, seinen Vorgänger, einen vorübergehenden Verbündeten des Papstes, einfach abgesetzt hatte. Die Griechen konnten die Vorherrschaft Roms nicht akzeptieren, und Urban II. wußte das, als er im September 1089 beschloß, die Exkommunizierung, die noch immer auf dem Nachfolger von Nikephoros, Alexios, lastete, aufzuheben[33].

Was war im übrigen am Ende des 11. Jahrhunderts dieses Reich von Konstantinopel? Vom alten Römischen Reich, das es für alle Zeiten zu sein vorgab, war nur noch ein von den neuen Sonnen verbleichter Schatten geblieben. Die türkischen Seldschuken, die aus den Steppen Zentralasiens gekommen waren, waren die größte Gefahr. Dennoch waren sie Neuankömmlinge im Vorderen Orient. Kaum hatte der Kalif von Bagdad ihrem Führer 1056 den Titel eines Sultans verliehen und mit diesem Titel den Besitz aller Territorien, die sie erobern konnten, verbunden, als 1071 die Türken in Mantzikert in Armenien die byzantinische Armee vernichtend schlugen. Der Kaiser, der zum ersten Mal gefangen genommen worden war, mußte sich seinem Überwinder sogar zu Füßen werfen. Das Schlimmste war absehbar, um so mehr, als in jenem Jahr die Normannen eine der letzten byzantinischen Städte Italiens, Bari, erobert hatten

(15. April 1071). Nun aber zogen es die Türken, obwohl sich Konstantinopel in ihrer Reichweite befand, vor, sich Richtung Süden zu bewegen, auf Jerusalem zu, das sie 1076–1077 eroberten.

In einem Brief an Graf Robert I. von Flandern, der in einem gewollt dramatischen Ton gehalten war, hatte Kaiser Alexios I. Komnenos (1081–1118) die lateinischen Ritter zu Hilfe gerufen. Vom ganzen Byzantinischen Reich, sagte er »bleibt fast nur noch Konstantinopel übrig, das die Türken und die Petschenegen uns bald wegzunehmen drohen, wenn Gott und seine getreuen lateinischen Christen uns nicht schnell zu Hilfe kommen [...]. Wir haben Dir nur sehr wenig von den zahlreichen Übeln erzählt, die uns diese sehr ungläubigen Leute angetan haben; wir berichten es Dir, Graf von Flandern, der Du dem christlichen Glauben ergeben bist, und wir verschweigen den Rest, um die Leser nicht zu langweilen. Wir bitten Dich deshalb, aus Liebe zu Gott und im Gedenken an alle griechischen Christen: Führe alle getreuen Krieger Christi, die Du auf Deinen Besitzungen rekrutieren kannst, seien sie mächtig oder unbedeutend, führe sie bis hierher, zu meiner Rettung und zur Rettung aller griechischen Christen«[34]. Und der griechische Kaiser beeilt sich, die bemerkenswerten Vorzüge von Konstantinopel zu rühmen, seinen fabelhaften Reichtum an Reliquien Christi und seiner Apostel, die seine in Purpur geborenen kaiserlichen Vorfahren aus Jerusalem zu retten wußten, bevor dieses in die Hände der Ungläubigen fiel. Sein Appell ist egoistisch, denn er fordert nur dazu auf, das Byzantinische Reich gegen die Türken zu verteidigen[35]. Vom Heiligen Land und der Stadt Jerusalem ist aber nicht die Rede.

Einige der Griechen wollten sich die Freude nicht nehmen lassen, an der Seite der Abendländer an der Rückeroberung teilzunehmen. Der erstaunliche General Tatin, der Tatikios der griechischen Autoren, ist indessen vor Antiochia Richtung Heimat aufgebrochen, und auch seine Krieger sind mit ihm nach Konstantinopel zurückgekehrt. Nicht, daß die Griechen das Glück der Waffen nicht zu schätzen wüßten, die sie in den ersten byzantinischen Feldzügen erklingen ließen. Aber Mißverständnisse verpesten die Beziehungen, und schließlich arbeitet nur noch das Volk ohne Waffen mit den Abendländern zusammen. Die westlichen Quellen sprechen sehr wenig von den griechischen und syrischen Priestern. Einer von ihnen spielt jedoch eine wichtige Rolle und folgt den Kreuzfahrern: Simeon, der exilierte Patriarch von Jerusalem. Als Tatin sich vor den Mauern von Antiochia davonmacht, nimmt Simeon die Stellung eines Führers ein, wie man es von ihm erwartet hatte (der Legat Ademar liegt im Sterben) und was ihm opportun erscheint, um die Zukunft seines Amtes zu retten, das in

Gefahr ist: Er schreibt an die Kirchen des Abendlandes, um sie dazu aufzufor-
dern, am neuerlichen Festmahl des Gelobten Landes teilzunehmen[36]. Dennoch
scheint er keinen so bedeutenden Einfluß auf die Griechen zu haben. Die Franken halten sich deshalb auch nicht zurück, für die Stadt Ramleh, die sie den
Sarazenen zu Beginn des Juni 1099 entrissen haben, einen von ihren Bischöfen
zu wählen: Sie beachten weder die Vereinbarungen mit dem Basileus noch die
mit der Jurisdiktion des griechischen Patriarchen von Jerusalem. Die zuverlässig-
sten örtlichen Hilfskräfte für die Kreuzfahrer sind die christlichen Bauern Klein-

London, British Library, Add. 49598
(971–984, Old Minster von Winchester,
»Benediktionar des Heiligen Æthelwold«;
293 x 225 mm), f° 45v°.

Eine himmlische Wolke trägt Jesus und
die Apostel bis zur Pforte eines jubeln-
den Jerusalems im Buch der rituellen
Segnungen, das der Heilige Abt Æthelwold (971–984) bestellt hat. Der seg-
nende Jesus reitet auf einer Eselin und
setzt den Fuß auf den weißen Mantel,
der den triumphalen Weg der himmlischen Welt zum irdischen Jerusalem,
einer noch unbekannten Stadt, einer
Stadt, die allen anderen ebenbürtig ist,
markiert.

London, British Library, Cotton Nero C. IV (gegen 1150, Winchester; 320 x 230 mm), f° 19r°.

Es gab ein davor und ein danach. Der Kreuzzug und die Einnahme von Jerusalem geben den traditionellsten Bildern einen neuen Sinn. In den Illuminationswerkstätten von Winchester wurde die Szene des Einzugs Christi in Jerusalem, die die Passionsgeschichte einleitet, zwischen dem Ende des 10. Jahrhunderts und Mitte des 12. Jahrhunderts einer tiefgehenden Veränderung unterzogen. Gegen 1150 verbindet der Psalter des Bischofs von Winchester, Heinrich von Blois (1129–1171), auf derselben Seite die Auferstehung des Lazarus und den Einzug der Palmenprozession, um den österlichen Triumph über den Tod anzukündigen. Der Künstler betont den Kontrast zwischen Himmel und Erde; aus der Gruppe der Apostel, die auf den Heiligenschein verzichtet haben, um sich so gleichsam besser mit den Siegern von 1099 identifizieren zu können, löst sich Jesus und reitet eine Eselin, die, als Zeichen des Sieges, jetzt weiß ist. Jerusalem füllt den Raum, seine Einwohner, die aus den offenen Fenstern lehnen, begrüßen Jesus und mit ihm die wirklichen Nachfolger des zum Gott gewordenen Menschen, so wie es dem Anspruch der Ritter Christi entspricht.

asiens und Syriens, die sie versorgen und bei Nacht den Kreuzfahrern helfen, die Türken umzubringen, die auf ihrem Rückzug durch das Land irren (nach Aussage der Franken sind sie es, die Kerboga töten).

In den Augen Urbans II. und seines Legaten, ebenso wie für alle, die den Weg nach Jerusalem eingeschlagen haben, sind die Könige ohne Bedeutung. Der

68

eigentliche Sieger kann nur die Christenheit sein. Diese hat sich einmal mehr dem Papst von Rom unterstellt, der unnachgiebig die Vorherrschaft seines Amtes verteidigt. Er wartet nur kurze Zeit, bis er sich den Titel gibt, den er bereits für sich ausersehen hat: »Statthalter Christi«. Das ist für die Byzantiner unannehmbar. »Konstantinopel«, gesteht Robert der Mönch, »verdient es wegen der Großartigkeit und der Vielzahl seiner Heiligtümer und seiner herausragenden königlichen Würde Rom gleichgestellt zu werden. Aber Rom, das durch die Papstkrone zu Ruhm gelangte, ist Haupt und Summe aller Christen«[37]. Bereits vor ihrem Aufbruch hatten die Kreuzfahrer eine klare Sicht der Lage der Dinge erworben, die von nun an zur Tatsache wurde. Die christliche Welt war für sie eindeutig unterteilt: auf der einen Seite die ruhmreiche, mächtige abendländische Kirche, die Mutter der erobernden Krieger, auf der anderen Seite die orientalische Kirche, die dringend der Hilfe der Abendländer bedurfte. Die Trennung ist Ende November 1097 für Anselm von Ribemont eindeutig, als er an seinen Erzbischof, Manasses von Reims, schreibt[38]. Auf die Frage, warum dieser Krieg nötig war, antwortet der scharfsinnigste der Chronisten des Kreuzzugs, Raimund von Aguilers: »Für den Ruhm der römischen Kirche und der fränkischen Nation«[39]. Der adlige Herr und der Kaplan richten jedoch den Blick nicht hoch genug, um die andere Wahrheit zu erkennen, die der Patriarch von Jerusalem von Antiochia aus den Christen des Westens verkündet: Über alle Zwistigkeiten hinweg ist es »unsere Mutter, die spirituelle Kirche«, die weint und alle aufruft, zu ihrer Rettung zu eilen[40]. Deshalb beziehen die Kreuzfahrer unablässig diejenigen in die Kriegsanstrengungen mit ein, die zu Hause geblieben sind. Fasten, Almosen und Messen sind äußerst willkommen, aber auch Krieger – einen von zweien pro Schloß verlangen sie[41].

et roy de hongrie
qui auoit sa or̃on
nees ses batailles
appella apart se
conte de neuers le conte de la
marche · Les enfans de bar·
Le seigneur de coucy Ladmi
ral de bienne et ouuaignault Le
seigneur de la trimoille et les
autres grans barons et leur̃o
stin que meilleur estoit que

lui et ses gens feissent lauant
garde et entrassent les prem̃
iers dedens les turcqs tant par
ce que les hongres auoient a
prinse de long temps les ma
nieres de leur combatre et par
ce les endureroient mieulx ·
comme par ce quil congnois
soit que ses gens de hongrie e
stoient de si petite constance
que sil auenoit quilz feissent

Kriegsbegeisterung

»ALL DAS WAR DAS WERK GOTTES,
UND ES IST HERRLICH IN UNSEREN AUGEN«[42].

Der Papst entscheidet, die Fürsten geben in Abwesenheit der Könige Anordnungen. Angespornt von den Legaten, den Bischöfen und den Predigern, eilen sie herbei, enthüllen ihre Pläne, polieren Waffen und Karren. Zwischen Clermont und den ersten Aufbrüchen sind kaum fünf Monate vergangen. Gott selbst gibt über das ganze Jahr 1096 hinweg Zeichen seiner Gunst, den Frieden der Krieger und Überfluß an Weizen und Wein[43], erst dies macht große Versammlungen von Menschen möglich. Die Männer kamen »von überall her, so zahlreich und so gut, daß Ihr eine unendliche Menge Leute verschiedener Sprachen und vieler Regionen hättet sehen können«[44]. »Wer hat jemals von so vielen Stämmen und Sprachen, die in einer Armee vereint waren, gehört? Denn da gab es Franken, Flamen, Friesen, Franzosen, Burgunder, Lothringer, Deutsche, Bayern, Normannen, Engländer, Schotten, Aquitanier, Italiener, Daker, Apulier, Spanier, Bretonen, Griechen und Armenier«[45]. Aber man sollte sich nicht täuschen. Die Nomenklatur hat nichts mit der Buchführung eines Anwerbers zu tun oder mit einer Aufzählung von Völkern und Bannern. Der Chronist beschreibt ein phantastisches Gefühl, gleichgültig gegenüber jeder Form der neuzeitlichen Bemühungen um Quantifizierung. Hier ist das wahre Gegenteil von Babel, die wiedergefundene Gemeinschaft der apostolischen Zeiten, ohne Verwirrung der Sprachen und der Völker: das Pfingsten der Christenheit des Abendlandes.

Paris, Bibliothèque nationale de France, fr. 5594 (gegen 1474–1475, Berry oder Touraine; 320 x 230 mm), f° 263v°.

Die Kreuzzüge sind sicherlich Pilgerfahrten der christlichen Welt, aber sie sind nicht weniger abscheuliche Kriege. Die Blüte der burgundischen Ritterschaft starb im September 1396, während des letzten Kreuzzuges vor Nikopolis. Johann, der Sohn Philipps des Kühnen, des Herzogs von Burgund, verdient sich hier seinen Beinamen »ohne Furcht« und verliert die Armee, die er bis zu den Türken geführt hat. 1473 beendet Sebastian Mamerot für Ludwig von Laval, den Gouverneur der Champagne, die Geschichte der *Passages faits outremer par les Français contre les Turcs* [Reisen in Outremer (im Heiligen Land), die die Franzosen gegen die Türken unternommen haben] und Jean Colombe illuminiert die prunkvolle Handschrift. Die aufsehenerregende Niederlage von Nikopolis ist fern, die Idee des Kreuzzuges berührt keinen Maler mehr: Seine Schlacht kopiert die berühmten französischen Niederlagen von Crécy (1356) oder von Azincourt (1415). Das Gefühl des Schreckens erscheint nur auf der unteren Ebene, als Sultan Bajezit die Ermordung der Gefangenen befiehlt, die nackt sind wie die Seele der Märtyrer, die die fleischliche Hülle unter dem erschrockenen Blick eines der Kreuzfahrer verlassen, der in seiner weißen Robe der Unschuld auf den Tod wartet.

DREI WEGE

Drei ist die Zahl der Vollkommenheit, die der Dreieinigkeit, auch die des herrlichen Gleichgewichts der Gesellschaften auf Erden, die die göttliche Vorsehung in drei Klassen aufgeteilt hat. Es braucht also drei Armeen, die Historiker des Kreuzzuges sind sich darin einig. Der früheste von ihnen, der normannische Ritter, gibt den Ton an und setzt die Expedition von Peter dem Eremiten und Herzog Gottfried an die Spitze, anders gesagt einen charismatischen Prediger und einen Kriegsherren, der Fürst des Deutschen Kaiserreiches ist. Diese erste Armee zieht die Donau entlang, durchquert Ungarn und den europäischen Teil des Byzantinischen Reiches, also »die Straße, die in früherer Zeit Karl der Große, der großartige König der Franken, bis nach Konstantinopel bauen ließ«. Die Legende von Karl dem Großen verwurzelt das historische Unterfangen in einer epischen Dimension, die brauchbarer für die Wahrheit und bereichernder und aufregender als die Nacktheit der Geschichte ist[46]. Die zweite Armee unter Leitung des Bischofs von Le Puy und des Grafen Raimund von Toulouse, eines anderen vorbildlichen Paares, das wie das erste seine Legitimation aus der Verbindung von einem Geistlichem und einem Krieger zu beziehen scheint, durchquert den Balkan. Die dritte setzt sich aus Normannen, Flamen und Franzosen unter ausschließlich weltlichem Kommando zusammen und wird in Lucca und in Rom den päpstlichen Segen in Form von Lilienbanner und Gnadenbriefen suchen[47]; sie schifft sich dann in Brindisi oder in Bari nach Durazzo ein, von wo aus sie nach Konstantinopel gelangt[48]. Die chronologische Reihenfolge des Aufbruchs wird eingehalten, aber sie ist dennoch symbolisch.

Die heutigen Historiker bemühen sich darum, eine weniger vereinfachende Ordnung zu beschreiben. Außer den drei waffenklirrenden Armeen, zu denen sich die schwer bewaffneten Ritter und ihre Fußtruppen zusammenschließen, wissen alle Chronisten von der Existenz einer anderen, wenn dies möglich ist, noch uneinheitlicheren Truppe, die aus »Fußvolk mit einigen Rittern« besteht, die dem fanatischen Prediger des Kreuzzuges, Peter dem Eremiten, dem Ritter Walter Ohne-Habe – »Ohne-Geld« *(Sine pecunia)* sagt Fulcher von Chartres[49] –, und dem deutschen Prediger Gottschalk folgen. Zwischen fünfzehntausend und zwanzigtausend Mann umfaßt sie, sagt man, von denen vier Fünftel bereits im Oktober 1096 getötet sind und aus den offiziellen Berichten verschwinden: Sie störten offensichtlich die Fürsten durch ihre Unordnung und ihre Unabhängigkeit, die von einer offenkundigen Ablehnung der von Gott auf Erden errichteten Hierarchie zeugten[50]. Guibert von Nogent ist der einzige, der ihnen einen priviligierten Platz zugesteht.

Von den eigentlichen Armeegruppen glaubt man, daß sich die aus dem Herzen des Königreichs Frankreich als erste am 15. August 1096 in Bewegung setzte, wie es der Papst verlangt hatte. Fulcher von Chartres sagt, daß sie unter dem Kommando von Hugo dem Großen steht, dem Bruder des kapetingischen Königs und Grafen von Vermandois; auch danach gehört dieser weiter zum Führungsstab. Ist es in der Tat vertretbar, daß eine Armee von Kreuzfahrern dem Bruder eines exkommunizierten Königs unterstellt ist, einem Mann, der Italien durchquert hat, ohne dem Papst den Gott schuldigen Respekt erwiesen zu haben? Seit jener Zeit kommen die Franzosen in den Ruf, sowohl mutig als auch widerspenstig zu sein, den man ihnen fast zweieinhalb Jahrhunderte später bei Crécy zuerkennt: Als erste ziehen sie los, werden aber auch als erste gefangen. Sie haben die kürzeste Route und die kürzeste Zeitspanne eingeplant und sind als erste auf byzantinischem Boden angekommen; die Griechen beeilten sich, sich zu schützen, indem sie die Armee in einem Lager einschlossen und Hugo den Großen während einiger Monate die Annehmlichkeiten ihrer Gast-

Lyon, bibliothèque municipale 828 (gegen 1280, Akkon; 320 x 250 mm), f° 15 v°.

Die letzten Kreuzfahrer, die sich nach Akkon zurückgezogen haben, erinnerten sich daran, daß die Krieger von 1096 eingewilligt hatten, sich unter das Banner des päpstlichen Legaten, des Bischofs von Le Puy, Ademar von Monteil, zu begeben. Der Maler von Akkon stellt den Prälaten an die Spitze einer Menge aus Geistlichen und Laien ohne Waffen. Er unterstreicht besser als seine Vorgänger die spirituelle Bedeutung des Aufbruchs, da er offensichtlich ebenso wie seine Zeitgenossen davon überzeugt ist, daß der Krieg keine Angelegenheit der Kleriker ist, sondern der Ritter, und daß nur die Mitglieder von militärischen Orden, Templer und Hospitaliter, einen Heiligen Krieg führen und gewinnen können.

freundschaft gewährten – die Zeit, die nötig ist, um einer Geisel die Regeln der orientalischen Höflichkeit beizubringen.

Eine Armee aus dem Westen Frankreichs war gleich danach aufgebrochen, kommandiert vom Herzog der Normandie, Robert Kurzhose, und dem Grafen Stephan von Blois, und machte in Italien halt[51]. Die normannischen Kreuzfahrer wollten das Wiedersehen mit ihren nach Süden ausgewanderten Vettern nicht versäumen, um sie in das große Projekt einzuweihen. Gierig ließen die Normannen Italiens ihre Besucher im Stich und überquerten das adriatische Meer als erste während des Winters 1096–1097. Mit dem schönen Wetter zu Ostern 1097 brechen schließlich auch Stephan von Blois und der Herzog der Normandie von Brindisi nach Durazzo auf, um dann auf Thessaloniki, Mazedonien und Konstantinopel zuzumarschieren – wo sie als allerletzte mit ihren tausendfünfhundert Rittern ankommen.

In der Zwischenzeit hat sich die zweite Armee, die der »Lothringer«, die von Gottfried von Bouillon, dem Herzog von Niederlothringen kommandiert wurde, im Norden Frankreichs versammelt. Einige tausend Reiter und siebentausend Mann Fußvolk aus dem Gebiet zwischen Rhein und Mosel ziehen die Donau entlang Richtung Ungarn, sie folgen also mit sechs Monaten Rückstand der von Peter dem Eremiten geführten Horde. Von der dritten Armee sagen die Historiker, daß sie die größte gewesen sei. Sie besteht aus »Provenzalen«, den Männern aus dem Languedoc und aus Aquitanien (Gascognern, Auvergnaten und Burgundern), und zählt mindestens tausendzweihundert Reiter, zuzüglich ungefähr neuntausend Männer und Frauen ohne Waffen[52]. Ihre beiden Führer, der Bischof von Le Puy und der Graf von Toulouse, leiten sie auf dem Landweg über die Pässe der Alpen, das Tal des Po und Venedig nach Durazzo, dann über die antike Via Egnatia bis nach Konstantinopel, wo sie am 21. April 1097 eintreffen. Zahlreich und in guter Ordnung, wie es heißt, was kaum erstaunen kann, da der Graf von Toulouse die Chronik dieses Kreuzzuges der ausgezeichneten Feder seines getreuen Kaplans Raimund von Aguilers anvertraut hat. Dieser geht seiner Aufgabe mit großer Sorgfalt nach, erweckt den Eindruck eines starken Zusammenhalts der südfranzösischen Armee, wenn auch um den Preis einiger Zweifel über die Taktik und die Entscheidungen seines Herren und Grafen. Ein solcher Zusammenhalt, der erst vor den Mauern von Konstantinopel erreicht wird, fehlt insbesondere den beiden anderen Armeen.

Als Fulcher von Chartres die drei Armeen im Vorwort seiner »Geschichte des Weges nach Jerusalem« einführt, lüftet er den Schleier des äußeren Eindrucks und betont die eindeutig theologische Bedeutung der Reise. Der Zusammenschluß der Armeen findet nämlich nicht in Konstantinopel, in der Hauptstadt des größten bekannten Reiches statt, sondern auf der anderen Seite des Bosporus, genauer gesagt vor den Mauern von Nikäa, die auf dem Weg der Kreuzfahrer die erste von den Türken gehaltene Stadt ist. Dort beginnt der Heilige Krieg[53] im Namen der heiligen Dreifaltigkeit, von der ein großer Teil der Kreuzfahrer damals entdecken muß, daß die Natur und die Beziehungen zwischen Vater, Sohn und Heiligem Geist an diesem Ort, in Nikäa, während eines Konzils im Jahre 325, lange vor ihrer Zeit, definiert worden waren. Die gelehrten Chronisten selbst können ohne Zweifel von der Tragweite des Glaubensbekenntnisses von Nikäa berichten, und sie verstehen die Bedeutung, die die Einnahme der Stadt durch die Franken für die Heilsgeschichte hat. Die strenge Anordnung des Großen Marsches, einmütig und doch dreigeteilt, konnte von nun an von den Trugbildern der Erinnerung abhängen: Ich sehe darin gern die Frucht einer literarischen Vereinfachung, die von den Zeitgenossen erwartet, von den Führern des Kreuzzuges gefordert und für den Aufbau der Erinnerung unverzichtbar war.

London, British Library, Royal 14 C. VII (1250–1259, St. Albans; 358 x 250 mm), f° 4v°-5r°.

Als Mönch der großen Abtei von St. Albans ist Mathieu Paris († 1259) viel nach Norwegen und Frankreich gereist, wo er sich der Sympathie König Ludwigs IX. erfreute. Er ist niemals im Heiligen Land gewesen, und dennoch zählt die Karte von diesem Land, die er seiner *Geschichte der Engländer* vorangestellt hat, zu den ernsthaftesten Versuchen, die der Enzyklopädismus während des 13. Jahrhunderts erlebt hat. Seine Informanten haben ihn indes getäuscht, indem sie ihn glauben machten, daß die Kreuzfahrer die Küste des Mittelmeeres auf ihrer ganzen Länge befestigen konnten. Nun ist es aber von 1098 bis 1291 den Abendländern außer in Akkon nie gelungen, diese ungastliche Küste zu beherrschen.

VERSUCHUNGEN

Papst Urban hatte Jerusalem als Ziel festgelegt: das Heilige Grab, zuletzt den Berg Golgatha, wo, wie viele hofften, der Herrgott sie zu ihrem letzten Sieg empfangen werde. Was folgte, zeigte, daß der Passionsweg nicht nur ein leeres Wort war. Offenbar gehemmt von der lakonischen Erzählweise des normannischen Ritters, konstruieren die Historiographen, die an der Expedition teilnehmen, ihre Erzählungen in der Art eines Kreuzweges. Sie setzen den Heiligen Krieg nicht mit einem Königsweg gleich, sondern mit einem Marsch in Tränen und Blut, der wie ein Fluß, der anschwillt und sich ausbreitet, den besten Willen ins Wanken bringt und Männer innerlich zerbrechen läßt. Dennoch lassen sich dort Inseln der Glückseligkeit finden und ebenso viele Belohnungen, die die Hoffnung aufrecht erhalten, weil eines Tages mit dem Sieg üppige Wonnen kommen werden. Die zweite Generation der Chronisten, die nicht am Abenteuer teilgenommen hat, wird weniger dazu neigen, die Schwierigkeiten und Mißgeschicke zu erwähnen. Ihre Aufgabe ist es, für Nachschub zu sorgen, nicht Angst zu verbreiten.

»Welche Schmerzen, welche Seufzer«[54]! »Es wurde dem Volk Gottes nicht eine Qual, nicht ein Leiden erspart«[55]. Viele der »zögernden Herzen« haben in Italien aus Furcht vor der »Mühsal«, dem Winter und den Entbehrungen aufgegeben; sie sind vor Schreck erstarrt vor dem »trügerischen Meer« des Todes und verzichteten damit auf die Versprechungen eines ewigen Lebens, das sie entschieden zu nah wähnten[56]. Die ersten, die davon abgestoßen wurden, hatten ihr Reitpferd bereits in Rom Richtung Heimat gewendet: Das bedauernswerte Spektakel der besetzten Basilika Sankt Peter, umstritten zwischen den Anhängern Guiberts und Urbans, konnte tatsächlich Zweifel aufkommen lassen. Hatte Urban II. den Kreuzzug vielleicht nur ersonnen, um daraus für sich selber Nutzen zu ziehen und Rom durch die Hilfe Jerusalems zurückzugewinnen? Die Anführer beteiligten sich nicht an der Auseinandersetzung. Zahlreiche Krieger, die um eine Schlacht gebracht wurden, die erbaulich zu werden versprach, waren mit der Tatenlosigkeit nicht einverstanden und kehrten auf ihre Besitzungen zurück[57]. Andere suchten, kaum in Konstantinopel angekommen, Schutz im Schoß des griechischen Kaisers: Sie ahnten die zukünftigen Leiden.

Nachdem das Ziel in allen Köpfen klar war, mußten alle Hindernisse beiseitegeräumt und die Forderungen der lokalen Machthaber, sofern das notwendig war, zufriedengestellt werden. Fulcher von Chartres rechtfertigt auf diese Weise, daß die Anführer der Kreuzfahrer, mit Ausnahme des Grafen von Toulouse, ein-

ualit rex uelini er uespiu ... phi er m uuerbiq ina illa lege
amare gauisus e. sperano fi eam sibi in uxoré deret futurum esse ut gener regis fiis atqz uuo amo
siue in belum uuens occideret ab hostibus nec esset sibi necessitas in eum manum mittere. Cu q̃ offerret
filiam suam sibi. crdauit se pauperem ac senuem mirum diceret Respondit Saul nõ petere se alia
sponsalia ab eo. nisi centu preputia phulistinorum hostium suorum. ⁓

gewilligt haben, einen Treueeid gegenüber dem Kaiser von Konstantinopel abzulegen: »Alle meinten, daß diese Geste notwendig war, um die Freundschaft mit dem Kaiser zu festigen: Denn ohne seinen Rat und seine Hilfe, konnten wir unser Unterfangen nicht weiterführen, und noch weniger die, die uns folgen würden«[58]. Keinerlei Ablenkung gab es in der Armee des Grafen: Dieser wird von einer fixen Idee getrieben, dem »heiligen Weg«, der heiligen Pilgerschaft, dem *iter hierosolimitanus*. Er verweigert deshalb den unnützen Kampf mit den unzivilisierten Völkern, die seinen Vormarsch behindern oder aufhalten. Nur manchmal muß er aber seine Macht zeigen. Als Kaplan Raimunds IV. begeistert sich Raimund von Aguilers für die Heldentaten seines Herrn, er kann sie nicht schweigend übergehen. So wird Graf Raimund, begleitet von einigen seiner Ritter, beim Durchzug durch den Balkan von einer Horde Slawen, die man damals Slavonier nannte, angegriffen. Er wirft sich auf die Angreifer und nimmt sechs dieser Barbaren gefangen. Das versetzt die anderen Slavonier in Wut, aber die Armee muß weiterziehen. Der Graf hat keine Zeit zu verlieren. »Er befiehlt, die Augen von zwei Gefangenen zu blenden, er läßt die Füße von zwei anderen abhacken und die Nase sowie die Hände der beiden letzten, um die anderen in Angst und Schrecken zu versetzen, die so vor den Strafen gewarnt werden, die ihnen blühen, und um sich selbst mit seinen Begleitern in Sicherheit bringen zu können. Auf diese Weise wurde er, dank der Gnade Gottes, aus einer tödlichen Furcht und den Gefahren der Region befreit«[59]. Raimund von Aguilers beklagt sich bitter darüber, daß sich die Franken gegen den Willen des Grafen bei Antiochia so lange aufhielten. »Unsere Männer, die sich dem Müßiggang und dem Luxus hingaben, verzögerten den Aufbruch der Expedition, zu der sie sich aufgemacht hatten, gegen das göttliche Gebot bis zum 1. November«[60].

Nach Antiochia kamen die Kreuzfahrer, um hier das Schlimmste zu erleben. Während die Einnahme von Nikäa sehr vergnüglich gewesen war, geradezu eine Kleinigkeit, war die Überquerung der zentralen Hochebene Anatoliens, seit dem Altertum eine Wüste ohne Bäume, um vieles härter, als es sich die fränkischen Strategen und selbst die byzantinischen Berater vorgestellt hatten; letztere waren indessen an diese Regionen gewöhnt und mit den lokalen Kriegen vertraut. Die Natur und die Türken schienen sich zusammengeschlossen zu haben, um die Strapazen des Weges zu vergrößern. Das war jedoch alles nichts im Vergleich mit den Leiden, die sie während der Belagerung von Antiochia hinnehmen mußten. Diese waren das Ende vieler Hoffnungen. Graf Stephan von Blois erwarb sich dort seinen Ruf als Feigling, als er sich von seiner Armee absetzte, die im Rücken angegriffen wurde. Er war nicht der Einzige.

Sollte man weiterhin noch darauf bestehen, Jerusalem zu erreichen? Es hat tatsächlich Abspaltungen gegeben, die darauf abzielten, leichtere Ziele anzuvisieren, an denen es nicht mangelte. Graf Balduin, der Bruder von Gottfried von Bouillon, zog los, um sich ein Fürstentum bei Edessa zu schaffen; auch Bohemund war verführt, sich in Antiochia niederzulassen. Zweifellos hatten beide die dunklen Strategien der fatimidischen Ägypter durchschaut, die sich ihrer gerne bedient hätten. Zu Beginn des 13. Jahrhunderts berichtet der arabische Historiker Ibn al-Athir tatsächlich von einer weit verbreiteten Ansicht, nach der der fatimidische Sultan von Kairo die Franken überredet hätte, direkt auf Jerusalem zuzueilen: Die Ägypter wollten sie die Stadt einnehmen lassen, die ihnen die Seldschuken 1076 abgenommen hatten. Wenn die Zeit reif gewesen wäre, hätte man nur die Christen zu vertreiben brauchen.

Ibn al-Athir weiß genau, daß die Angehörigen der fatimidischen Dynastie in den Augen der Sunniten Ketzer sind, aber er wollte die Mißstimmungen zwischen den Anhängern des Islam nicht verstärken. Er ist davon überzeugt, daß die Bewohner des Abendlandes ihrer Gewinnsucht und ihrer Eitelkeit erlegen sind und daß die Führer der Kreuzfahrer, um ihre verabscheuenswürdigen Leidenschaften zu befriedigen, ursprünglich die Reichtümer Nordafrikas begehrten. Denn die Normannen Italiens fürchteten um ihre ökonomischen Interessen. »Wenn Ihr entschieden habt«, sagte der König von Sizilien angeblich scheinheilig zu einem seiner Verwandten aus der Normandie, »gegen die Muselmanen in den Krieg zu ziehen, wäre es das Beste, Jerusalem zu erobern. Ihr würdet es aus ihren Händen befreien und der Ruhm wäre Euer«[61]. Jerusalem wäre demnach nur ein Scheinziel gewesen, erfunden von den Normannen, um die, wie sie wohl wußten, an rein materialistischen Zielen orientierte Eroberung geschickt in eine ritterliche Suche zu verwandeln, die ausschließlich um des Ruhmes willen erfolgte. Für Ibn al-Athir ist es leicht, diese Erklärung zu finden, nachdem Jerusalem 1187 in die Hände von Saladin gefallen ist. Aber in den Augen eines mittelalterlichen Historikers, auf welcher Seite er auch immer stehen mochte, bestimmt das Ende den Anfang: Die Kenntnis des Ergebnisses wirft ein neues Licht auf die Anfänge und zeigt die wirkliche Bedeutung eines Ereignisses. Dieses war von Anfang an verdorben, weil Jerusalem an die Muslime zurückgefallen ist. Der Allerhöchste Gott verweigerte also der Sache der Kreuzfahrer seine Unterstützung.

Die abendländischen Chronisten konnten eine derartige Sichtweise nicht zulassen, und vor allem nicht die des ersten Kreuzzuges. Alle schrieben nach dem Ereignis und kamen daher zu dem Urteil: Jerusalem ist gewonnen worden, Gott wollte also, daß die Franken siegen. Diejenigen, die den Ereignissen am nächsten

Paris, Bibliothèque nationale de France, lat. 14516 (drittes Viertel des 12. Jahrhunderts, Paris; 330 x 201 mm), f° 240r°.

Dürfen die Heilige Stadt und ihr Tempel, die in der Vision des Propheten Ezechiel beschrieben sind, die Zuflucht der spirituellen Kontemplation bleiben, so wie es die Kirchenväter seit dem Heiligen Hieronymus wollten? Oder wird man Ezechiel von nun an in seinem wörtlichen Sinn lesen, wozu Richard von Saint-Victor in seinen Lektionen, die er gegen 1150–1160 in Paris gibt, auffordert? Die Künstler von Saint-Victor üben sich mit Richard im architektonischen Realismus der romanischen Kunst, als sie die östliche Pforte des Salomotempels beschreiben müssen. In jenen Jahren lassen die Herren von Jerusalem tatsächlich Bauhandwerker in die Stadt kommen, nicht ahnend, daß die Stadt bald, nämlich 1187, zum muslimischen Reich des Saladin gehören wird.

standen, vor allem Raimund von Aguilers, stimmen währenddessen darin überein, daß die Soldaten Gottes oft in Versuchung gerieten, sich vom ursprünglichen Ziel abzuwenden. Sicherlich haben die Türken Nikäa und Antiochia verloren, aber sie halten alle großen Städte des Nahen Ostens; sie werden Jerusalem nicht leichter loslassen als Antiochia. Rät die Weisheit nicht, sich ein unerreichbares Ziel zu ersparen? Nun sind die Kreuzfahrer bis auf fünfzehn Meilen vor Jerusalem angelangt, und es werden lebhafte Debatten geführt. Viele fürchten die Qualen einer erschöpfenden Belagerung, sie wollen Jerusalem umgehen. Sie glauben – und nach ihnen noch viele der heutigen Historiker –, daß der Schlüssel zu Jerusalem in Ägypten liegt, daß man also dort zuerst angreifen muß, in »Babylon«, das heißt in Kairo. Wenn Kairo erst in den Händen der Franken wäre, würde der »König von Ägypten«, der fatimidische Kalif, Reißaus nehmen oder die Übergabe von Jerusalem verhandeln. Die Kreuzfahrer könnten auf diese Weise ohne Schwertstreich die Hand auf Alexandria und auf viele andere Königreiche legen. Andere verweisen darauf, daß die Armee der Kreuzfahrer kaum mehr tausendfünfhundert Ritter und eine ungenügende Zahl an Fußtruppen zählt: Sie würde niemals genügend Männer haben, um ein riesiges Reich zu halten. »Besser ist es, auf unserem Weg zu bleiben, und was die Belagerung anbelangt, den Hunger, den Durst und alle anderen Dinge, so wird Gott für die Seinen sorgen«[62]. Das ist die Behauptung des Grafen von Toulouse. Ist das Wunder nicht schon geschehen, in der wiederhergestellten Einigkeit über das Vorhaben des Papstes und über das endgültige Ziel Jerusalem? In der Zwischenzeit muß man Unstimmigkeiten schaffen und mit ihnen jonglieren, Feindseligkeiten zwischen den Ägyptern und den Türken, sogar unter den Türken selbst, und schließlich zwischen den Ägyptern, den Türken und den Griechen provozieren. Die Verhandlungen nehmen also einen guten Verlauf. Die Südfranzosen schwatzen gern mit den Ägyptern; Raimund von Aguilers liebt es, diese erholsamen, manchmal auch etwas gefährlichen Diskussionen zu erzählen. Die folgende Generation der Chronisten ist weniger mitteilsam über diese gewundene Diplomatie. Im Gegenteil, alle beschreiben mit Freuden die angebliche Überheblichkeit ihrer Gegner. Weil sich der Klan der Provenzalen als besonders entschlossen erweist, geradewegs auf Jerusalem zuzuziehen, kann der Kaplan des

Grafen Raimund mit Genugtuung von der Schmach eines ägyptischen Botschafters erzählen. Der ägyptische Wesir, ganz stolz darauf, daß er Jerusalem den Türken wieder abgenommen hat, glaubte, die Kreuzfahrer loswerden zu können. Er bietet allen Ernstes an, daß zwei- oder dreihundert von ihnen sich, ohne Waffen, auf Pilgerschaft in die Heilige Stadt begeben können; er würde sie wieder ziehen lassen, nachdem sie ihrem Herrn gehuldigt hätten. Die Franken sind in fröhlicher Stimmung. Sie lassen dem Wesir antworten, daß, wenn er ihnen nicht Jerusalem gratis überlasse, sie die Stadt einnehmen würden, und außerdem noch »Babylon«[63] dazu.

In den Augen der Südfranzosen, insbesondere in denen Raimunds von Aguilers, sind Verhandlungen nützlich, wenn die Absichten eindeutig sind. Der Ritter des normannischen Italiens, der provenzalische Kaplan und der poitevinische Priester erzählen, wie die in Antiochia belagerten Fürsten Peter den Eremiten zum türkischen Emir Kerboga schicken. Peter führt den Auftrag aus, erklärt dem Emir, daß Antiochia rechtens den Christen gehöre, seit der Heilige Petrus Jerusalem verlassen und sich dort niedergelassen habe. Sein Gesprächspartner bricht in schallendes Gelächter aus, antwortet, daß er weder die Stadt aufgeben noch die Franken ziehen lassen werde und schickt den Eremiten gesund und munter zurück. Nicht ohne ihn gezwungen zu haben, eine elegante Verbeugung zu machen, ergänzt Raimund, der kaum weniger Sympathie als Petrus Tudebodus für diesen störenden Mönch hatte[64]. Aber der Mann des Nordens, Fulcher von Chartres, hat eine andere Sache gehört, und er fügt einiges von sich hinzu. Statt einer ungeordneten Schlacht mit einem ungewissen Ausgang, die nur in einem allgemeinen Gemetzel enden konnte, hätten die Franken ein wirkliches Gottesurteil vorgeschlagen, in dem sich zehn, zwanzig oder hundert Ritter jeder Seite gegenübergestanden hätten. Zwischen der widerlichen Schlächterei und dem ritterlichen Kampf, wie konnte man da zögern? Fulcher enthüllt hier die nördliche Sichtweise des Kreuzzuges, die von nun an den Sieg über die phantastischen Geschichten der ersten Autoren davonträgt[65]. Der Eremit interessiert ihn hier wegen seinen Auftrages, und nicht wegen der merkwürdigen Züge seiner Persönlichkeit. Die Nachfolger von Fulcher, insbesondere Guibert von Nogent, beeilen sich, die spirituelle Aura der Persönlichkeit auszuschmücken, die unter ihrer Feder zum eifrigsten der Reformatoren wird.

Fulcher von Chartres, der den Kreuzzug als Glücksfall versteht, hat den ritterlichen Kampf aus zwei Gründen gewählt. Hier ist endlich ein Krieg, der das Seelenheil verheißt statt den Kirchenbann heraufzubeschwören. Und endlich eine Schlacht zwischen richtigen Rittern, das heißt von Rittern von guter

Geburt: Fulcher kennt sie, er kann die Namen der Führer jedes Lagers nennen. Doch der Vorschlag eines Gottesurteils verdeckt sein eigentliches Ziel, das Jean Flori treffend zu beschreiben wußte: Über den Umweg des gerechten Krieges der Ritter arbeitet Fulcher daran, die Regeln einer dem Milieu der Krieger eigenen Moral festzulegen, die nur auf diese selbst angewandt wird und nicht mehr auf die anderen, die nicht kämpfen. Das ist eine so besondere Moral, daß sie die Ritter dazu bringt, den Krieg wie ein Spiel zu zelebrieren. Das Gottesurteil Fulchers kündigt bereits diese Spiele an, die von den Geistlichen verabscheut werden, und die von den Rittern des nördlichen Frankreichs und Flanderns erfunden werden, und denen man bald den Namen »Turnier« geben wird. Aber die Türken weigern sich: Sie haben ihre Truppen gezählt und sind sicher, durch die Überzahl zu gewinnen. Und doch verlieren sie. Gerechterweise, denn die Tugend und die Gerechtigkeit kümmern sich nicht um die Quantität[66]. Ungeachtet dessen haben auch die Südfranzosen Sinn für den Wert des menschlichen Lebens, aber der Heilige Krieg verpflichtet.

DIE KRIEGSKUNST

Seit dem Ende des 10. Jahrhunderts arbeiten die Männer des Gottesfriedens daran, den Krieg zu verbieten und sein Aussehen zu ändern, zum größten Nutzen der Kirchen und der Händler und zur Entlastung der Armen. Auch Könige und Fürsten des Abendlandes profitieren letzten Endes von der rigorosen Begrenzung der Gewalt: Sie werden darüber nach und nach die legitimen Hüter der Ordnung und verbieten im 13. Jahrhundert die privaten Kriege. Kodifiziert und unter ihre Banner eingeordnet, werden der Kampf und seine Spezialisten ökonomische Werte, die es zu bewahren und zu unterhalten gilt. Die Kosten der Bewaffnung beschränken nämlich den Kriegssport auf die herrschenden Schichten. Das wird deutlich, wenn die Ritter, die zum Kreuzzug aufbrechen, Teile ihres Besitzes verpfänden müssen, um sich die für einen Kämpfer notwendige Ausrüstung zu beschaffen: Ist nicht ein guter Harnisch so viel wert wie ein guter landwirtschaftlicher Hof[67]? Es gibt keinen besseren Weg, um diejenigen auszuschließen, denen es nicht erlaubt ist zu kämpfen. Auf diese Weise bestätigt der Kreuzzug die sozialen Barrieren und scheint keine Durchlässigkeit in den sozialen Hierarchien herbeigeführt zu haben: Er trägt im Gegensatz dazu bei, sie zu verhärten und zu festigen.

Höchstens der Kaplan des Grafen von Toulouse hat lange den Traum von einem egalitären Kreuzzug geträumt, dessen Führer und Held dennoch Graf

Paris, Bibliothèque nationale de France, fr. 9082 (1295, Rom), f° 94r°.

Die Kreuzfahrer haben sich entschieden. Jerusalem muß genommen werden. Die Zelte der Anführer sind aufgestellt, die Belagerung beginnt und die Stunde der Erstürmung kommt: Man wird siegreich sein, wie es die weiße Farbe des ersten Pferdes andeutet. Der römische Maler der *Chroniques d'outremer* [Chroniken aus Outremer (des Heiligen Landes)] bemüht sich indessen nicht, die Stadt in der Initiale C des Buches VII zu identifizieren.

Raimund bleiben sollte. Als die Zeit vergeht, knüpfen die Chronisten die Bande der Abhängigkeit, des Vasallentums und auch der professionellen Kompetenz enger. Mehr als jemals zuvor behalten die Spezialisten die Oberhand über die Methoden des Krieges. Im Westen wie im Osten Europas wissen die Kriegsführenden, daß Festungen nicht durch Draufgängertum genommen werden, sondern daß man, um sie zu nehmen, gleichzeitig Stärke und Geschick[68] anwenden muß, und vor allem die schweren Belagerungsmaschinen, von denen die »Handbücher des Militärwesens« der Römer und Byzantiner erzählen. Die abendländischen Leser haben seit langem ihr Buchwissen in konkrete Erfahrung umgesetzt: Als um das Jahr 1000 der kapetingische König im Burgund auf Maschinen zurückgreift, um die Mauer der widerspenstigen Städte niederzureißen, illustriert ein Maler aus der Gegend die Belagerung einer feudalen Befestigungsanlage, indem er zwei Sturmböcke und, zum ersten Mal, zwei Armbrustschützen in Szene setzt[69]. Die Anführer des Kreuzzuges sind über alle

Neuigkeiten unterrichtet, die der militärischen Wissenschaft durch die Ausbreitung der Burganlagen und der befestigten Plätze in den Ländern Westeuropas sowie durch den Ausbau der riesigen Städte in dem von den Türken beherrschten Kleinasien zuteil wurden.

Denn die byzantinischen Strategen sind nicht die alleinigen Erben der militärischen Kenntnisse der griechisch-römischen Antike. Haben doch auch fatimidische Ägypter gerade vierzig Belagerungsmaschinen aufgefahren, um Jerusalem 1098 von den Türken zurückzuerobern[70]. Desgleichen benutzen die Krieger Frankreichs und Deutschlands im 11. Jahrhundert ständig jede Art von Angriffswaffen, die nötig sind, um Festungsanlagen und befestigte Städte einzunehmen. Sie nutzen die Pendelbewegung der Sturmböcke aus oder das Prinzip der Spannung bei Katapulten, Steinschleudern oder Balisten; sie können Kastelle oder Belagerungstürme mit mehreren Etagen aus Holz bauen, die man so dicht an eine Mauer heranrollt, daß man eine Brücke bis zur Mauerkrone schlagen kann. Sie eignen sich bald Techniken des Bergbaus an, um unterirdische Gänge anzulegen und die Mauern der Städte zu untergraben. Da der Transport dieser Maschinen zu kompliziert war, haben die Kreuzfahrer Experten eingestellt, Gaston de Béard bei den Normannen und Flamen, Guillaume Ricau beim

Grafen von Toulouse[71]. Diese beherrschen die modernen Taktiken und sie verstehen es ebenso gut, schnell eine Schiffsbrücke vor Antiochia aufzubauen wie innerhalb weniger Stunden einen schweren Holzturm zu verschieben[72].

Dennoch ist der Kreuzzug mehr als eine technische Meisterleistung. Der Krieg bleibt eine Aufgabe für Männer. Krieg führen, das ist zunächst ein Mannschaftsport gegen eine andere Truppe. Weil er die Episoden eines kosmischen Spiels beschreibt, ist Raimund von Aguilers eher dem traditionellen Krieg zugeneigt, dem Kampf der Völker mit kolossalen Dimensionen, in dem der Zusammenprall eher an ein schreckliches Durcheinander erinnert. Fulcher von Chartres dagegen singt ein Loblied auf die Ritterschaft, auf eine privilegierte Miliz, nämlich die französische Aristokratie. Aber über die Ziele der Armee Gottes sind sie sich einig. Weil sie die Hoffnung aufgegeben haben, daß die Türken und Sarazenen zum Gott der Christen übertreten werden, setzen sie alle eine gnadenlose Jagd in Szene, um so mehr, als es keine Übergabe von Geiseln oder Lösegeld gibt. »Es gibt keine Privilegien« unter den Feinden, begeistert sich wenig später Robert der Mönch, aus Bewunderung vor der Unerschütterlichkeit der fränkischen Ritter[73]. Man muß die Erde von den Übeltätern reinigen, den Gegner töten, sie massakrieren zum Gesang des *Kyrie eleison*[74]. Denn die Vernichtung des Heiden ist nur gerecht, eine Läuterung, die Gott gefällt. Hier gelten die Vorschriften des Gottesfriedens oder der Waffenruhe Gottes nicht mehr, die in den Königreichen des Westens Anwendung finden. Die Taten der Feinde werden hingegen als Morde bezeichnet.

Das gute Gewissen funktioniert. Die Kreuzfahrer geben sich keinerlei Mühe, sich von einer eindeutigen Aggression reinzuwaschen. Sie stellen nichts in Frage, denn die Wahrheit ihres Glaubens ist unbestreitbar. Sie konstatieren, daß ihr Standpunkt über den Besitz des christlichen Bodens mit dem der anderen nicht vereinbar ist. Insofern scheinen sie ihre Sicht des Heiligen Krieges nicht in einer theologischen Betrachtungsweise zu verankern, sondern in einer Logik des Rechts, die der Argumentation vergleichbar ist, der einige Jahr zuvor der Mönch Anselm von Le Bec, der zukünftige Erzbischof von Canterbury, in seiner Abhandlung *Warum hat sich Gott den Menschen gemacht?* folgte. Ebenso ist ihre Logik auch der der Juristen in Norditalien ähnlich, die das römische Recht wiederentdecken und die Gesetze der römischen Kirche festlegen. Durch ihre Ablehnung Christi haben die Juden jedes Recht auf Jerusalem und das Heilige Land verloren. Die Christen sind seitdem die Alleinerben im Namen Gottes. »Dieses Land«, erklärt der Gesandte der Franken den Türken, »darf Euch nicht gehören, nur weil Ihr es lange in Besitz gehabt habt; durch ein himmlisches

Urteil ist bestimmt worden, daß das, was den Vätern ungerechterweise genommen wurde, den Söhnen umsonst zurückgegeben werden muß«[75]. Das Vordringen der Araber, dann der Ägypter und schließlich der Türken auf christlichen Boden ist also eine Verweigerung des Rechts, ein Diebstahl auf Kosten Gottes, der nicht wieder gutgemacht werden kann. Der einzig akzeptable Kompromiß wäre die tätige Reue, kurz, das Konvertieren zum Christentum, aber der Feind scheint dazu nicht freiwillig bereit zu sein. Da die geistliche Waffe der Exkommunizierung gegenüber diesen Völkern, die unverschämterweise auch die Unterwerfung unter die Kirche verweigern, nutzlos war, muß der irdische Arm auf die Widerspenstigen niederfahren, sie und die Ihren vernichten und sich ihre Habe aneignen, da nichts in dieser Welt ohne Herr bleiben darf.

Krieg führen, das heißt auch plündern und sich auf Kosten der örtlichen Bevölkerung ernähren, aber die Gesetze der Königreiche begrenzen diese Möglichkeit seit dem Jahr 1000. Der Raub, ein Zeichen der ruchlosen Raffgier, ist Sache der Bauern, der Besessenen, die von Peter dem Eremiten und seinem Kumpan Walter Ohne-Habe angeführt werden. Aber dann in Antiochia, »legen unsere Leute maßlos die Hand auf alles, was sie in den Straßen und in den Häusern finden«[76]. Dieser Straßenraub schockte den normannischen Ritter nicht; er beginnt hingegen Fulcher von Chartres zu stören, dessen Ethik es gern sähe, wenn der gute Soldat Christi sich nicht der Plünderung hingeben würde. Er rutscht dadurch in die Kategorie der schlechten, kriminellen Täter ab.

Die Anführer der Kreuzfahrer mußten eiligst die Regeln der Kriegsbeute perfektionieren. Die einfachste dieser Regeln besagte, daß dem ersten, der ein Haus betritt, durch das Eroberungsrecht alle Habe zusteht, die er dort findet. Außerdem war es »Brauch unter uns«, sagt Raimund von Aguilers, »daß der erste, der ein Schloß oder ein Dorf betrat, dort sein Banner mit einer bewaffneten Wache aufpflanzen konnte; es gehörte niemand anderem als ihm«[77]. Aber wohin gehen die Reichtümer der Moscheen, von denen die muslimischen Chronisten sagten, daß sie verschwanden? Man kann das Inventar, das den heidnischen Götzen geweiht wurde, läutern, man kann es den Kirchen geben, aber jeder weiß, daß sein Gebrauch sich als gefährlich erweisen kann: Wird sich Gott nicht darüber wundern, daß Sein Haus mit einem Sammelsurium dieser den Ägyptern und Türken geraubten, vielleicht unheilbringenden Beute ausgestattet wird? Vorsichtigerweise werden sich die christlichen Anführer den besten Teil selbst aneignen. Denn der Ritter eines feudalen Hofes gibt sich nicht einem gemeinen Raub hin und schon gar nicht zu seinem alleinigen Vorteil: Durch ein starkes Band an seinen Herrn gebunden, arbeitet er zum Nutzen dessen, dessen

Paris, Bibliothèque nationale de France, lat. 16730 (gegen 1170–1180, Corbie?; 510 x 350 mm), f 262 v°.

Zweifellos haben die Erzählungen der beiden ersten Kreuzzüge die Erinnerung an den »jüdischen Krieg« wiederbelebt, dessen Historiker der Jude Flavius Josephus im 1. Jahrhundert unserer Zeitrechnung gewesen ist. Hatte Josephus sein Werk nicht den römischen Siegern, Titus und Vespasian gewidmet? Man kopiert den »Jüdischen Krieg« häufig, in Moissac gegen 1100, dann zwischen Loire und Rhein in den beiden ersten Dritteln des 12. Jahrhunderts ; ein prächtiges Exemplar davon läßt der mächtige Abt von Corbie am Ende der Herrschaft von Ludwig VII. illuminieren, dessen Kreuzzug von 1146–1147 in den Wüsten Kleinasiens jämmerlich gescheitert ist. Die Initiale C des siebten Buches zeigt in einer märchenhaften Vegetation die vom Leutnant des Titus kommandierte Erstürmung des belagerten Jerusalem im Jahr 70, während die Bewohner der Heiligen Stadt sich der Verzweiflung hingeben. Der Maler unterläßt jede zeitgenössische Anspielung, als ob er dem verhängnisvollen Schicksal, das 1187 eintritt, eine letzte Teufelsaustreibung gegenüberstellen wollte.

Rechte er verteidigt.

Die Kreuzfahrer versäumen niemals, sich des Raubes und der zusammengerafften Beute zu rühmen. Vor Nikäa und Doryläon, »haben wir die Hand auf eine beträchtliche Menge Gold, Silber und wertvolle Kleider und Waffen gelegt«[78]. Stephan von Blois prahlt in einem Brief an seine Frau, der möglicherweise erfunden ist: »Du kannst als sicher annehmen, mein Liebling, daß ich jetzt zweimal soviel Gold, Silber und Reichtümer habe, wie Du mir gegeben hast, als ich losgezogen bin«[79]. Das gewöhnliche Plündern wird noch durch die Eroberung von Land ergänzt, die im Namen einer grundsätzlichen Strategie der Besatzung erfolgen konnte. Das allgemein bekannte Beispiel der Normannen Süditaliens facht die Begierde an. Auch wenn die Kreuzfahrer Land für den Herrn erobern wollen, so bleibt das, was sie erwerben nichtsdestotrotz in ihren Händen; sie werden Gebieter und Herren des Landes. Stephan von Blois rutscht treuherzig ein Geständnis heraus: Nach der Einnahme von Nikäa haben die Kreuzfahrer damit begonnen, sich auf Kosten der Byzantiner Teile der Gebiete des doch sehr christlichen griechischen Reiches herauszuschneiden. »Wir haben für den Herrn Gebiete in der ganzen Romania, im griechischen Reich, erworben«, sagt er. Erworben, nicht zurückgegeben: Tatsächlich hätten sie an den Kaiser von Konstantinopel zurückgegeben werden müssen[80], was man aber vergessen hat.

Obwohl einige privilegierter sind als andere, gibt dieser Krieg allen die gleichen Chancen. Tatsächlich ebnet er die hierarchischen Unterschiede ein, ja hebt sie beinahe auf, angesichts des Todes oder zumindest bei den Plünderungen: Der Fürst wie der Bauer gehen das gleiche Risiko ein, aber auch der Laie wie der Geistliche. Denn obwohl es den geistlichen Führern widerstrebte, konnten sie nicht verhindern, daß sich auch Geistliche in großer Zahl meldeten. In Wahrheit setzt sich eine Ordnung neu zusammen, die die weltlichen Hierarchien bestätigt, die endlich nach dem Abbild der Hierarchie der Engel unter dem Banner Gottes geformt ist. Der Krieg kann also gut und heilig sein: Der Kreuzzug reinigt das Böse des Kampfes, er radiert den schlechten Teil aus und korrigiert und rechtfertigt diejenigen, die um des höchsten Guts willen kämpfen.

DIE GUTE ORDNUNG

Die Armee Gottes marschiert in geordnetem Zug. Der Ritter, Kaplan Raimund, der poitevinische Priester und Fulcher von Chartres empfinden also keinerlei Zuneigung, geschweige denn Begeisterung für die Banden der Armen, die Peter der Eremit in ein Massaker geführt hat. Diese Leute waren für den Krieg nicht geeignet. Sie halten erst Einzug in die Geschichte, als Guibert von Nogent den Kreuzzug neu interpretiert. Die wirkliche Schlacht wird hingegen in einer Ordnung, die die Hierarchien strikt respektiert, wie eine religiöse Prozession geführt. Das verwirrt den Feind. »Aber wer sind nun diese Franken? Welchen Wert haben ihre Ritter? Wieviele Divisionen gibt es?« ruft der Emir von Tripolis aus, der gerade die Eindringlinge vernichtet hat[81]. Im eroberten Antiochia bereitet man sich auf den Kampf gegen die Armee des Kerboga vor. »Die Franken bereiten sich auf die Schlacht vor. Das Heer des Grafen und des Bischofs wird auf zwei aus jeweils zwei Divisionen gebildete Truppenteile verteilt. Die Fußtruppen gehen vor den Rittern, und auf das Kommando der Fürsten marschieren sie los und halten an; die Ritter folgen ihnen und schützen die Nachhut. Das Gleiche gilt für das Heer des Bohemund und des Tankred [die Normannen Italiens], ebenso wie für die Armee des Grafen der Normandie und die der Franzosen, und auch für die des Herzogs Gottfried und die der Burgunder. Herolde durcheilen die Stadt und rufen, daß jeder Mann sich zu seinem Fürsten und seinem Volk begeben soll. Man beschloß, daß Hugo »le Mainsné«, der Graf von Flandern und der Graf der Normandie zuerst in die Schlacht ziehen sollen, dann der Herzog, nach dem Herzog der Bischof von Le Puy, nach dem Bischof Bohemund. Alle versammeln sich unter ihrem Banner, vor der Stadt, vor der Brückenpforte«[82]. »Und in dieser Schlachtordnung und geschützt durch das Zeichen des Kreuzes verließen wir durch die Pforte, die vor der Moschee lag, die Stadt.« »Wir marschierten im gleichen Abstand wie die Geistlichen in ihren Prozessionen. Und es war tatsächlich eine Prozession«[83].

Die ersten Zeugen erinnern sich an Schlachten, die wie ein religiöser Zug aufgebaut waren, die sich auf einen frontalen Zusammenprall vorbereiten und dennoch den nötigen Platz lassen für die brillanten Schachzüge der Ritter. Hingegen sehen sie wenig Ordnung bei den Gegnern, vor allem nicht bei den Türken, die wenig Wert legen auf den ritterlichen Ehrenkodex und mit den Waffen der Bauern drohen, indem sie die Felder anzünden[84]. Diese Schurken demaskieren sich sehr schnell, als die Stunde der Schlacht schlägt. Denn als das Zeichen zum Kampf gegeben wird, brüllen die Franken ihren üblichen Schrei: »Gott helfe uns« oder »Gott will es so«[85] und die Männer des Grafen Raimund »Toulouse«, während die Türken und Sarazenen wie die Hunde kläffen.

DIE BLUTORGIE

Dieser Krieg kennt keine Konventionen, es sei denn diejenigen, die für die Christen untereinander gelten. Er ist entschieden unbarmherzig, ohne Gnade und ohne allzu viele Gefangene. Das Menschenleben zählt noch wenig in der Ökonomie des Krieges. Um so weniger als die Gefangenen in den kommenden Verhandlungen keinen hohen Wert besitzen: Das wird erst im 13. Jahrhundert so sein. Bar jeden Gefühls, mußte überall in den westlichen Königreichen der so stolz erworbene Ruf der adligen Herren verbreitet werden. Die Anführer der Kreuzfahrer schicken Boten mit glühenden Botschaften an die Daheimgebliebenen. Im April 1098 sandten Bohemund von Tarent, der Sohn von Robert Guiskard, Raimund von Saint-Gilles, Gottfried von Bouillon und Hugo der Große einen Brief »an die Herren und an die getreuen Untertanen des christlichen Glaubens auf der ganzen Erde«. Sie stellen zunächst dar, wie der griechische Kaiser ihnen unter Eid Frieden und Sicherheit auf allen seinen Besitzungen garantiert hat (die Angelegenheit war nämlich hart verhandelt worden). Dann erzählen sie die Heldentaten der Armee Gottes, wie sie beschlossen haben, die Türken anzugreifen und wie sie diese Ende Mai 1097 besiegt haben. »Ganz sicher sind dreißigtausend Türken tot, auf unserer Seite sind dreitausend in Frieden gestorben, die ohne Zweifel im ewigen Leben geehrt werden.« Am Ende der großen Schlacht vor Antiochia, die zu mehr wird als ein bloßer Kampf, nämlich ein großartiger Krieg *(magnum bellum)*, ergänzen sie: »Siebzigtausend Getötete bei den Türken, aber bei uns zehntausend, die in Frieden gefallen sind. Wer hat je eine so große Freude gesehen?«[86] Die Zunahme der Fälschungen in jener Zeit, und die Briefe des Grafen von Blois gehören sehr wahrscheinlich dazu, lüftet den Schleier der hohen Kunst der Propaganda und der politischen Publizistik, die in jenen Jahren im Abendland in voller Blüte steht. »Du kannst mir glauben«, schreibt der Graf von Blois an seine Frau, »in dieser Schlacht [auf einer Brücke vor Antiochia] haben wir dreißig Admirale, das bedeutet Fürsten, getötet, und dreihundert edle türkische Ritter, ohne die anderen Türken und Heiden zu erwähnen. Unter den Toten zählte man also tausendzweihundertdreißig Türken und Sarazenen, und wir haben nicht einen einzigen der Unsrigen verloren«[87].

»Die Verehrung Gottes ist keine Grausamkeit«, *non est crudelitas pro Deo pietas*, sagte der heilige Hieronymus[88]. Die Chronisten der Jahre 1120–1130 schreiben den Türken den schrecklichen Verdienst zu, die abgeschnittenen Köpfe und Gliedmaßen der Gefangenen als Wurfgeschosse für ihre Maschinen benutzt zu haben, um den ehrenwerten Kreuzfahrern Furcht einzuflößen[89]. Die ursprünglichen Erzählungen, und auch noch Robert der Mönch, gestehen das Gegenteil ein: In der Tat waren es die Kreuzfahrer und nicht die Türken, die diesen Horror erfunden haben. Die Gemetzel von Nikäa und Antiochia entziehen sich einer normalen Beurteilung, sie verlangen die Inbrunst des Christen. »Den Frauen, die in den Zelten der Türken [vor Antiochia] gefunden wurden, fügten die Franken kein Leid zu, außer sie auf ihre Lanzen aufzuspießen«[90]. Am Morgen nach der Einnahme von Antiochia genießt Raimund von Aguilers sein Glück: »Es war ein unterhaltsames Spektakel, daß nach so langer Wartezeit diejenigen, die so lange Antiochia gegen uns verteidigt hatten, an diesem Tag nicht entfliehen konnten: Denn wenn einige von ihnen versuchten, die Flucht zu ergreifen, so konnten sie trotz allem nicht dem Tod entgehen«[91]. Vor Tripolis richten die Kreuzfahrer im März 1099 ein solches Blutbad unter den Türken an, daß »die Erde besudelt ist mit dem Blut der Mauren, und ihre Kadaver verstopfen den Aquädukt, der die Stadt umgibt [...]. Es war einigermaßen erquickend anzuse-

Le prologue du vf. liure qui parlera du
Roy anthiocus de mathatias et des ma
thabeus.

our acomplir et
et mener a fin la
matiere que Jay
entreprinse et conti
nuee Jusques a cest
endroit vueil co
mencer ce vf. et
despmier liure ouquel Je tracteray des
fait des machabeus apres ce que dit
saint Iherome Lequel fut en son temps
prestre cardinal en leglise de romme
et sceut les trois langaiges Cestassa
hebrieu Grec et latin purquoy Il fist
la translacion de la saincte bible de
langue hebrieue en parole latine.
Et pour ce que apres que le Roy alixan
dre fut du siecle fine ainsi comme de
uant aues peu entendre Se esmeurent
ou peuple plusieurs sediciouns en attri
uant la loy de meseigneur par les pu

cesseur du Roy alixandre encontre les
hebrieu deqnor en la bible sont cotenus
deur liures Lesquelz liurez tracttent
de deur choses Lune est des batailles
faicte entre les ducz des hebrieu et
des gens de perse. Lautre de la bataille
qui fut entre les machabeus et les ga
baciens. Apres contient en la
partie deuziesme les noblet fais quilz
firent alencontre du Roy Anthiocus
pour maintenir les loy diuines et
saintes esquelz soustenant endurent
de diuers tourmens plente et gemisse
ment pour me mere sainte eglise. Co
bien que elle se sioust en les amonestat
en la gloire de la passion. En lorisa
cion de ce noble traitie enuoia Nabum
serf des serfs de dieu saint loup pur
escript les fais des machabeus auecq3
le liure de daniel le prophe lors que
fut establi quilz fussent leu en leglise
de romme. En lui suppliant que tout
ce qui de bien y estoit contenu fist

hen, daß der Wasserlauf des Aquädukts die in Stücke gehauenen Leichname der Edlen und des Fußvolks bis in die Stadt trug«[92]. Die Worte Freude (*gaudium*) und Erquickung strömen in die Feder des provenzalischen Kaplans. Vielleicht kennt er die Gedichte des ersten Troubadours, des Grafen Wilhelm von Poitiers; allerdings denkt er nicht an Liebeslieder, sondern an die Liebe zum Krieg. Das Glück und die Gefühle setzen ihn in Flammen, wenn er sich an die Massaker und die Plünderungen, die die Kreuzfahrer begangen haben, erinnert. Wenn Graf Raimund die Abschlachtung der Überlebenden von Albara befohlen hat, so geschah dies nur aus seinem Sinn für Gerechtigkeit heraus[93]. Das Entzücken dominiert, niemals das Erbarmen.

Raimund von Aguilers übertreibt die Stärke der fränkischen Ritter. Das wiederholte Fasten hat sie zu einer vollständigen Beherrschung ihres Körpers und zur Geringschätzung ihres Lebens erzogen. Sie fürchten sich nicht, selbst in der Nacht zu kämpfen[94]. Die Sarazenen und die Araber Syriens halten »uns (für) zu allem fähig«[95]. Mehrere Chronisten erwähnen in der Nachfolge des normannischen Ritters diskret, wie die Kreuzfahrer Opfer des schrecklichen Hungers werden und sich dem Kannibalismus hingeben[96]. Raimund dagegen freut sich über die vernichtende Wirkung, als diese Neuigkeit die Türken und Sarazenen erreicht. Sie rufen untereinander aus: »Aber wer soll denn dieser Nation widerstehen, die so verbissen und so grausam ist, daß man sie ein Jahr lang weder durch Hunger noch durch das Schwert oder andere Prüfungen davon abbringen konnte, die Belagerung von Antiochia aufzugeben, und die sich jetzt von menschlichem Fleisch ernähren?«[97] Ihre Grausamkeit sichert also den Triumph der fränkischen Ritter, sie vergrößert sogar das Renommee ihrer Siege.

Einige der Erzähler wissen immerhin, daß andere zum Erfolg der Franken beigetragen haben, und sie versuchen sich in entsprechenden Erklärungen. Raimund von Aguilers weist also darauf hin, daß die syrischen Christen die Sarazenen und die Türken für die Unterdrückung büßen lassen wollen, über die sie sich bei ihm beklagt haben. Nun dauert es schon vierhundert Jahre, daß sie leiden[98]. Die Kreuzfahrer haben auch Anhänger in der belagerten Stadt Antiochia. »Denn die Türken hatten vor vierzehn Jahren Antiochia erobert, und um den Mangel an häuslichen Sklaven zu beheben, hatten sie die jungen Armenier und Griechen gegen deren Willen zu Türken gemacht und ihnen Frauen gegeben. Diese kamen, sobald sie die Möglichkeit zur Flucht hatten, mit ihren Waffen und Pferden zu uns«[99]. Diese ehemaligen Christen, die unter das Joch der Türken gerieten und zweifellos mit Gewalt zum Islam in seiner seldschukischen Variante konvertiert wurden, sind für Kaplan Raimund die besten örtlichen Hilfskräfte der Kreuzfahrer. Darauf bedacht, ohne Unterlaß die Hand Gottes auf seiten der Pilger zu zeigen, präzisiert er, daß derjenige, der Bohemund vorgeschlagen hat, die Franken in Antiochia eindringen zu lassen, einer dieser »Zwangstürken« ist[100]. Er ist der einzige, der das behauptet. Der normannische Ritter bevorzugt die Variante, daß es sein berühmter Herr Bohemund nur mit einem mächtigen Emir aus Antiochia zu tun hat.

Der Kreuzzug geht in Wirklichkeit über die Gemeinplätze der sonst üblichen Chroniken hinaus. Für welchen Fürsten sie auch arbeiten, so wissen die Schriftsteller doch neben den überlegenen Qualitäten der Franken auch andere Antriebskräfte der Geschichte auszumachen. Sie brechen deshalb in Entzücken aus über das kriegerische Ungestüm der Türken, Petschenegen, Sarazener, Araber und anderer Widersacher. Die kriegerische Tugend und der Widerstand der Ihren können dadurch nur an Ruhm gewinnen. Raimund von Aguilers geniert sich aber auch keineswegs zuzugeben, daß die Franken häufig von Furcht gequält werden. Glaubt man der üblichen Gewichtung der Heldenlieder, so wächst der Schrecken der einen mit dem Mut der anderen[101]. Was bedeuten aber in Wirklichkeit die Schwächen der Ritter? Dieser Krieg ist eben kein gewöhnlicher. Wer stützt den Arm der fränkischen Ritter, wenn nicht der Gott der Heerscharen selbst, wie er es schon für Moses im Angesicht der Amalekiter getan hat?

Gegen 1100 verzichtet der Künstler, der mit der Dekoration der Zweiten Bibel von Saint-Martial von Limoges beauftragt ist, auf die pflanzlichen Dekorationen seines Vorgängers der Ersten Bibel. Als er beim Buch der Richter angekommen ist, setzt er auf das Titelblatt – und nicht als Initiale – eine große erzählende Komposition. In einer Stadt, die man als Jerusalem identifizieren muß, und auf dem Tabernakel der Allianz hockend, übergibt Gott mit der rechten Hand die Gesetze des neuen Köngreiches und bestimmt mit der linken Hand Judas als Anführer Israels. Wer versteht nicht, daß die Geschichte des alten Israel in einem neuen Zeitalter aufgeht, und daß Gottfried von Bouillon, der gewählte Anführer eines Königreiches, das 1099 noch ohne König ist, sich die Aufgabe übertragen sieht, das neue Jerusalem aufzubauen?

HIERVSALEM

BABILON

Zorobabel autem genuit abiud Abiud autem genuit eliachim.

Eliachim aut genuit azor Azor autem genuit sadoch.

Der Aufstieg zum Königreich

Der Krieg der Kreuzfahrer kennt keine Grenzen. Er unterscheidet sich dadurch von allen anderen. Aber barbarisches Vorgehen bringt keine guten Soldaten hervor. Man muß den Kriegern in Erinnerung rufen, daß sie einen heiligen Krieg führen und daß nur ein einiges Volk würdig ist, die Armee Gottes zu bilden. Zehn Jahre lang arbeiten die Chronisten daran, ihre Niederschriften in die Form des klassischen Modells einer universellen, exemplarischen Geschichte zu gießen, in Form einer gewagten Fortführung der Bibel. Seit 1108–1109 ungefähr zeigen die Beschreibungen des ersten Kreuzzuges die Expedition wie ein Werk Gottes, der jeden Schritt der Kreuzfahrer souverän lenkt. Die Akteure nehmen das Format von Propheten an, sie werfen den klaren Blick der Zeugen Gottes auf die Ereignisse, führen die Völker der Erde in die Auflösung der Geschichte und führen den einzigen Kampf, der es wert ist, geführt zu werden. Die literarische Fiktion und der religiöse Glaube passen so gut zusammen, daß sie mehr als einmal die Fakten verdecken.

Bisher wurde den vier ersten Chronisten der Vorzug gegeben: dem normannischen Ritter, dem Kaplan Raimund von Aguilers, dem Priester Petrus Tudebodus und Fulcher von Chartres. Sie sind nicht von Skrupeln beeinträchtigt, und insbesondere die beiden ersten zeigen ohne Umschweife ihre Gefühle. Die Historiker des Kreuzzuges haben früh den Wert dieser vier Niederschriften begriffen: Die Schreiber haben sie bewahrt, häufig kopiert, übertragen und manchmal nach dem Vorbild der vier Evangelien in eine andere frohe Botschaft verwandelt. Nachdem der anfängliche Zustrom abgeebbt war und die Kreuzfahrer der ersten Stunde in ihre Länder zurückgekehrt waren, traten andere Erzähler die Nachfolge an. Das sind die Mönche. Ihre Aufgabe ist es, für das Überleben des Ideals des Kreuzzuges zu sorgen und andere Kräfte zu mobilisieren. Sie müssen also die Erinnerung an den ursprünglichen Enthusiasmus wiederbeleben, der

Aschaffenburg, Schloßbibliothek 13 (Mitte des 13. Jahrhunderts, Diözese Mainz), f° 18v°.

Die Geschichte erzählt von den Fehlschlägen ebenso wie von den Siegen. Mitte des 13. Jahrhunderts kommentiert in der Region von Mainz der Maler eines außergewöhnlichen Neuen Testaments in Bildern die Genealogie Christi (Matthäus 1). Der traurige Zustand des Königreichs der Kreuzfahrer inspiriert ihn zu einer Verbindung mit dem Fall Jerusalems und der Deportation der Juden in die babylonische Gefangenschaft (in der Mitte): Die Armee der Belagerer hat keinen Namen, aber ihre Krieger schießen griechisches Feuer auf das zentrale Gebäude mit einer Kuppel, das die Zeitgenossen als die Grabeskirche identifizieren können.

durch die Leiden, die Schmerzen, die Entbehrungen und die Toten abgestumpft und verstümmelt wurde. Sie verschönern und berichtigen die Erzählungen ihrer unmittelbaren Vorgänger; sie mißtrauen dem normannischen Ritter mit seinem zu rauhen Latein, ebenso Raimund von Aguilers, den sie als zu devot gegenüber seinem Grafen einstufen, und auch dem zu argwöhnischen Fulcher von Chartres. Sie entwerfen und erstellen also die Rudimente einer Ideologie des Heiligen Krieges.

»DIESER KRIEG IST KEIN IRDISCHER ...«

»Ein Weg der Andacht«, *iter devotus*, sagt Raimund von Aguilers[102]: Einige Jahre genügen und der lange Zug der Kreuzfahrer wird mit den Stämmen Israels gleichgesetzt, die nach Jerusalem ziehen. Von Fulcher von Chartres bis Guibert von Nogent wird die Geschichte mit Anleihen aus der Bibel angereichert; die des alten Israel und die des neuen auserwählten Volkes der Christen sind gleichermaßen dazu geeignet. »Wir sprachen zwar verschiedene Sprachen, doch war es, als wären wir eine einzige Seele, Brüder in der Liebe zu Gott und dem Nächsten«[103]. »Die Pilger haben sich auf den Weg gemacht, in Schwärmen, wie die Heuschrecken, von denen die Sprüche Salomos [Sprüche 30, 27] erzählen, erleuchtet von der Sonne der Gerechtigkeit, ihr Haus ihrem Vater überlassend, ihre Verwandten zurücklassend, geheiligt durch ihr Vorhaben, einmütig – und dennoch hatten sie keinen König, jeder Gläubige hatte keinen anderen Führer als Gott allein, jeder betrachtete sich als Verbündeten Gottes«[104]. Die christlichen Gelehrten, die die Bibel eingehend erforschen, wissen natürlich, daß die Heuschrecken die Nationen symbolisieren, die damals keinen Christus als König hatten, ohne Propheten und ohne Führer, heute aber in der Einheit des Glaubens im spirituellen Kampf gegen den Teufel vereinigt sind[105]. Die Apologeten des Kreuzzuges übertreiben, sie preisen den Traum von der Einheit der Christenheit. Das Bild ist durchaus stimmig und es reicht bis in die Chronik des Juden Salomon von Mainz aus der Zeit um 1140. »In dieser Zeit also nahmen arrogante Männer [...], Franken und Germanen, den Weg zur Heiligen Stadt, die von den barbarischen Nationen geschändet worden war [...], um dieses Land zu ihrem Nutzen zu erobern [...]. Ihre Reihen wuchsen solange an, bis die Zahl der Männer, Frauen und Kinder die einer Armee von Heuschrecken, die die ganze Erde bedeckt, überschritt. Man sprach von ihnen, wenn gesagt wurde: ›Die Heuschrecken haben keinen König‹«[106].

Cambridge, Corpus Christi College, The Parker Library, 2 (gegen 1135, Bury St. Edmund's; 514 x 355 mm), f° 245 v°.

Zu Beginn des 12. Jahrhunderts ist es in Burgund und in England zur Gewohnheit geworden, die gemalte Initiale des Buches Jeremia mit historischen Szenen auszuschmücken: In der großen Bibel, die gegen 1135 in Bury hergestellt wird, prophezeit Jeremia den Angriff der Assyrer auf Jerusalem. Die Darstellung isoliert den Propheten und die Belagerer auf dem für eine Vision geeigneten dunklen Hintergrund, während die Stadt real erscheint. Aber um welche Realität handelt es sich, wenn nichts diese Stadt von einer anderen unterscheidet? Einzig die Allegorie bietet sich an, denn Jerusalem ist zu dieser Zeit in guten Händen, und ein Kreuzfahrer hat nichts mit einem Assyrer gemein.

»Dieser Krieg ist kein irdischer, sondern ein geistlicher«[107]. Selbst der normannische Ritter, ein großer Kenner der Schlachten, läßt sich nicht davon abbringen. Die erste Kreuzzugspredigt wollte eine geistliche Bewegung auslösen, und zweifellos hört man das Echo davon beim Ritter und bei Petrus Tudebodus, der nämlich das Unterfangen unter das Zeichen der Nachfolge Christi *(sequela Christi)* stellt: »Wenn jemand mit mir kommen will, dann nehme er Abstand von sich selbst, dann nehme er sein Kreuz und folge mir«[108]. Viele der Veteranen der Expedition schwören, auf den Körpern zahlreicher toter Christen den Abdruck des Kreuzes gesehen zu haben[109]. Der Kreuzzug hat alle Schwierigkeiten, Entmutigungen und Versuchungen überwunden, weil alle ihre Energie aus dem Geist der Buße und des Fastens ziehen[110]. Raimund von Aguilers, noch immer von der Liebe zu seinem Herrn beseelt, läßt der Armee des Grafen die schönsten Siege zuteil werden, weil der Graf selbst als Beschützer der Armen handelt, weil er die Kräfte des Guten führt und das Gewissen des Kreuzzuges ist[111]. Wenn man in der Bibel und bei den Kirchenvätern von den Kriegen liest, die von »diesen kleinen Männlein« geführt wurden, »die Josua, David oder Samuel hießen, die fast keinen Glauben hatten und die Gott dienten, indem sie nur an ihren Bauch dachten, wie kann man vernünftigerweise glauben, daß sie Gott mehr gefallen haben als die Kreuzfahrer, deren Ergebenheit rein geistiger Natur war? Den Anführern unter dem Alten Gesetz floß alles zu: Siege in Strömen und reichste Beute, aber für die Kreuzfahrer war der Sieg schwierig, er wurde zum Preis von tausend Übeln erkauft. Der Überfluß war selten, die Armut permanent und oft sehr grausam. Haben unsere Krieger, wenn man an ihr Fasten und an ihre Frömmigkeit denkt, nicht ein eher mönchisches als kriegerisches Leben geführt?«[112]

Eine grundsätzliche Besinnung der Kreuzfahrer gibt Guibert von Nogent für einen bedeutsamen Zeitpunkt an, den seine Vorgänger schon sehr früh als den entscheidenden Wendepunkt des Kreuzzuges erkannt haben: auf die Zeit der langen Belagerung von Antiochia, in den Monaten von Oktober 1097 bis Juni 1098. Eine Zeit, die von Schlachten und tödlichen Scharmützeln, und schlimmer noch, weil die Ritter nicht daran gewöhnt sind, von Trockenheit und Hunger geprägt ist. Die Taktik hat sich nicht geändert, die kleine Verstärkung, die vom Meer kommt, die Genueser und die Engländer, verändern nicht das ungewisse Gleichgewicht zwischen den Kriegsparteien. Die Offenbarung von Antiochia liegt woanders, und zwar in dem einhelligen Erwachen eines Bewußtseins, von dem die Enzyklika der Anführer, die oben erwähnt wurde, noch nichts sagt. Der normannische Ritter deckt als erster die Bedeutung dieses Ereignisses auf: »Endlich gelangten unsere Ritter in das Tal, wo die königliche Stadt von Antiochia liegt, die Hauptstadt ganz Syriens, die der Herr Jesus Christus dem Heiligen Petrus, dem ersten der Apostel, gegeben hat, damit er sie zum Kult des heiligen Glaubens führte, er, der lebt und herrscht mit Gott dem Vater in der Einheit mit dem Heiligen Geist, in Ewigkeit. *Amen*«[113]. Das Schauspiel von Antiochia entwirft die Landschaft des wirklichen Kreuzzuges, der nun beginnt. Der Normanne beschreibt dann die Belagerung und die Einnahme der großen Stadt in vier Etappen, die mit einer Danksagung für das Reich Christi, das nun errichtet ist, endet[114]. Raimund von Aguilers feiert den Fall von Antiochia am 28. Juni 1098 wie »den Sieg der vielgereisten Kirche der Franken, gegeben von Christus, dem wohlwollenden Herrn, der lebt und bei seinen Dienern bleibt, von Ewigkeit zu Ewigkeit. *Amen*«[115]. In ihrer Nachfolge machen sich Petrus Tudebodus und Fulcher von Chartres die Idee eines neuen Aufbruchs zu einem Kreuzzug, die ermattet einzuschlafen drohte, zu Nutzen. Fulcher setzt an diese Stelle die Liste der Völker, die in der Kreuzfahrerarmee versammelt sind. Jeder akzentuiert in seiner eigenen Weise, aber alle zusammen geben der Episode von Antiochia eine überragende Bedeutung.

NEUINTERPRETATION DER GESCHICHTE

Von einer Erzählung zur anderen geben die Chronisten Indizien einer fortlaufenden Arbeit an der Überlieferung. Man kann indessen sechs dieser Indizien festmachen, ebenso auch die späteren Veränderungen, denen sie unterliegen, und auf diese Weise hebt sich der Vorhang vor einem überraschend anderen Kreuzzug. Die ersten vier Chronisten skizzieren dessen Züge; gegen 1105–1109 bleibt es den klösterlichen Würdenträgern überlassen, den regelmäßigen Gästen der Höfe Nordfrankreichs, Robert von Reims und Guibert von Nogent, das Ideal der zukünftigen Kreuzfahrer zu formulieren und aufzupolieren. Ihre Konstruktion wird sich dann in der Nachwelt durchsetzen.

Erstes Indiz ist die glückliche Entdeckung der heiligen Lanze am 14. Juni 1098. Der Normanne und der Provenzale beschreiben sie in phantastischen Worten. Obwohl der Ritter Laie ist, weiß er deswegen nicht weniger gut über die Reform Bescheid, die die römischen Bischöfe durchführen. Er gibt das Wort zunächst einem Priester, der Christus gesehen hat, der von einem riesigen Kreuz überragt wurde, einem Kreuz, wie es am Tag des Jüngsten Gericht erscheinen wird. Christus verkündet ihm, daß in fünf Tagen eine wunderbare Hilfe für die Christen kommen werde[116]. Der Pilger Peter seinerseits hört mehrere Appelle des Apostels Andreas. Der sagt ihm, wo die Lanze des römischen Zenturio vergraben ist, die die Rippen des Herrn durchbohrt hat[117]. In dem Bericht von Raimund von Aguilers täuscht sich der Apostel Andreas nicht in seinem Ansprechpartner, als er die gute Nachricht verkündigt, an welchem Ort die Franken die heilige Lanze finden werden. Er wählt zum einen einen Bauern zum Boten, zudem noch einen Provenzalen. Er schickt ihn, seine Mitteilung dem Grafen von Toulouse und dem Bischof von Le Puy zu überbringen, und nicht Bohemund von Tarent oder Herzog Gottfried. Der Apostel befiehlt dem Bauern schließlich, dem Bischof, der seine apostolische Aufgabe, sein Amt als Prediger und Speerspitze des Glaubens, nicht wie es sich gehört erfüllt, schwere Vorhaltungen zu machen. Der Vorwurf, der gegenüber dem Bischof erhoben wird, verschafft dem Grafen einen Vorteil, und er ist also der »Anführer des Volkes«, wie es Monique Zerner zutreffend bemerkt, und nicht etwa der

Kirchenfürst, dem der Apostel die Lanze geben will[118]. »Das, was Gott niemals irgendjemandem geben wollte, hat er dem Grafen gegeben, er hat diesen, wenn er auch weiterhin unbeirrt an seiner Liebe zu Gott festhält, zum Bannerträger dieser Armee gemacht«[119]. Die heilige Lanze wird also Raimund von Toulouse anvertraut, der sie in seiner persönlichen Kapelle unterbringt, unter der Aufsicht von Raimund von Aguilers, und die Absicht hat, sie nach seiner Rückkehr in der Kirche Saint-Trophime von Arles niederzulegen[120].

Währenddessen zeigen sich Fulcher von Chartres und seine Nacheiferer, auch Radulf von Caen, skeptisch gegenüber der berühmten Lanze. Sie denken sogar an einen Betrug[121]. Ihr Mißtrauen ist ansteckend: Es gelangt auch in muslimische Kreise, denn Ibn al-Athir kennt eine Version der Geschichte, die der ihren sehr ähnlich ist. »Es gab in der Armee einen Mönch, dessen Ansehen groß war, ein sehr gerissener Bursche, der ihnen versicherte, daß eine Lanze des Messias im Qusyân, einem großen Gebäude in Antiochia, vergraben sei. Der Mönch erklärte ihnen: ›Wenn Ihr sie dort findet, werdet Ihr gewinnen; wenn nicht, dann

ist es der sichere Tod.‹ Er hatte die Lanze vorher an einem bestimmten Ort ein-
gegraben und alle Spuren verwischt. Er befahl ihnen, drei Tage lang zu fasten
und Buße zu tun; am vierten ließ er sie mit ihren Dienern und Arbeitern in das
Gebäude eintreten, die überall gruben und die Lanze fanden, so wie er es
angekündigt hatte. Da verkündete der Mönch: ›Frohlocket! Der Sieg ist
sicher!‹«[122].

Guibert von Nogent erträgt die Verdächtigungen von Fulcher von Chartres über die Echtheit der Lanze nicht[123]. Die Entdeckung begeistert ihn, aber er
unterschlägt das eigentliche Charakteristikum. Er macht aus der Lanze ein
Instrument der göttlichen Pädagogik, die für die Kreuzfahrer ihre im Gelobten
Land wiedergefundene Vertrautheit mit dem milden Jesus verkörpert. Sehr viel
später ist der vorsichtige Wilhelm von Tyrus der einzige, der aus dem Entdecker
Peter Bartholomäus einen Geistlichen macht: »ein einfacher Mann, insofern man
ihn im Lichte der Welt beurteilen kann«, aber er hütet sich, ein Urteil zu fällen[124]. Denn schon sehr früh wird die Episode von der heiligen Lanze ihre Posi-
tion als Angelpunkt verlieren. Im übrigen weiß keiner der Zeitgenossen, wohin
die Reliquie endgültig gebracht wurde. Die Erfindung der Lanze bleibt in Erinnerung, aber sie ist nur ein Zeichen, und das genügt: Sie bringt nämlich die
Gewißheit des Sieges. Die einzige Bedingung: eine neue Allianz der Kreuzfahrer.

Sogleich setzt sich die Idee einer Harmonie unter den Anführern durch –
das zweite Indiz, über das sich die Erzählungen im Laufe der Zeit ausführlich
auslassen werden. Man fegt die Erinnerung an die Streitereien beiseite. Ein neues
Einverständnis entsteht zwischen den Fürsten, die von nun an einen gemeinsamen Kriegsrat bilden werden[125]. Als sich die Grafen Raimund und Bohemund
um die Herrschaft über Antiochia streiten, weigert sich ein Schiedsgericht, ein
Urteil zu fällen, aber Raimund und Bohemund verpflichten sich selber, daß sie
der Entscheidung des Gerichts folgen werden und daß der Marsch auf Jerusalem
auf keinen Fall durch sie beeinträchtigt werden soll[126]. Der Eid ist schwer zu
halten, aber man macht sich wieder auf den Weg, und das ist das Wichtigste. Raimund von Aguilers versucht einmal mehr glauben zu machen, daß die ganze
Armee sich unter die Führerschaft des Grafen von Saint-Gilles stellen wollte.
»Der Bischof von al-Bara [Peter von Narbonne] und einige Edle vereinigten das
Volk der Armen und appellierten an den Grafen. Als der Bischof seine Predigt
beendet hatte, warfen sich die Ritter und das ganze Volk vor dem Grafen nieder
und flehten ihn unter Tränen an, einzuwilligen, ihr Führer und Herr der Armee
zu werden, da er derjenige sei, dem der Herr seine Lanze anvertraut habe. Er
habe die Lanze des Herrn verdient, fügten sie hinzu, als ein Unterpfand für den

Fall, daß die anderen Fürsten versagen sollten, und er ohne Furcht, bestärkt durch eine so große Gunst, den Weg mit dem Volk fortsetzen könnte. Andernfalls solle er die Lanze dem Volk übergeben und das Volk werde unter der Führung des Herrn selbst nach Jerusalem gelangen«[127]. Keiner hat diese Version des Provenzalen geglaubt: Die Chronisten bestehen im Gegenteil auf der Vorrangstellung des Rates der Fürsten.

Das dritte Indiz: Der Kampf um Leben oder Tod gegen die Ungläubigen wird einer von der Schuld befreienden Überarbeitung unterzogen. Wie man gesehen hat, verhärtet sich nach der so schweren und nur schwer ertragenen Belagerung von Antiochia der Kampf, er nimmt die Form einer Entscheidungsschlacht an. Die allerersten Chronisten sind selig vor Bewunderung für einige Dinge, die sie für erinnerungswürdig halten, die unsere Kultur aber für Zeichen der Grausamkeit hält. Der normannische Ritter zittert bei der Erinnerung an die Kreuzfahrer, die die von den Ihrigen in der »Mahomerie«, der Moschee vor den Toren Antiochias, bestatteten Türken exhumieren. Das Bild der mit Eifer zersägten Kadaver der Türken erregt ihn besonders. Welch herrlicher Einfallsreichtum der Christen! Indem sie auf diese Weise die Innereien durchwühlt haben, haben sie die gerechte Antwort auf die Perversion dieser »Barbaren« gefunden, die die Goldmünzen, die sie besaßen, verschluckt hatten, um sie dem Zugriff ihrer Feinde zu entziehen[128]. Welch Vergnügen außerdem, die türkischen Gefangenen unter den Augen ihrer belagerten Kumpane zu enthaupten und ihre noch blutenden Köpfe mit der Wurfmaschine oder der Steinschleuder über die Mauern zu werfen[129]! Nun aber, seit Fulcher von Chartres, versuchen die Chronisten, die Grausamkeit der Kreuzfahrer abzuschwächen. Ein wenig gehemmt gleiten sie über die mit dem ritterlichen Krieg, mit dem Ideal, das sie sich jetzt vom Kreuzzug geschaffen haben, nicht vereinbaren Tatsachen hinweg, oder aber sie schieben die Verantwortung dafür auf die anderen Nationen[130]. Bartolf von Nangis sorgt sich gegen 1130 um den guten Ruf der Leute des Nordens; für ihn sind es die raffgierigen Provenzalen, die die grausame Idee hatten, die Kadaver der Türken auszunehmen...[131].

GÖTTLICHE LITURGIE

Ein viertes Indiz wird bald die beiden Wellen der schriftlichen Zeugnisse über den Kreuzzug trennen. Der rituelle Zusammenhang erleidet nämlich tiefgreifende Veränderungen. Die Geistlichen der Kreuzfahrerarmee erbitten gern

Beweise der göttlichen Gerechtigkeit. Die Bewohner des Abendlandes verfügen dafür über einen Bewährungsritus – das Ordal oder Gottesurteil –, der in den Regionen Frankreichs sehr beliebt ist. Raimund von Aguilers, ein gelehrter Kleriker, preist ihn gern. Das Ordal erlaubt nämlich die Entscheidung durch den eindeutigen Beweis einer verborgenen Wahrheit. In Antiochia will Stephan durch ein unbestreitbares Argument belegen, daß er tatsächlich Christus in einer Vision gesehen hat: Er bereitet sich darauf vor, über einen brennenden Holzstoß zu laufen, oder, besser noch, sich von den Höhen eines Turms zu werfen. Die Kreuzfahrer beschließen, ihm zu glauben. Denn er ist Priester, keiner wagt daran zu zweifeln, daß sein Eifer bei der Messe ihn nicht für eine einzigartige Verbundenheit mit Christus prädestiniere[132]. Was den Kaplan des Grafen anbetrifft, so triumphiert er angesichts des glücklichen Ausgangs des Ordals, das er angeregt hat. Der Entdecker der heiligen Lanze mußte vor allen den Beweis erbringen, daß sein Fund wundersam und nicht durch eine List herbeigeführt worden war: Er war kein Priester und er mußte also das Feuer mit der Lanze in der Hand durchqueren. Zur großen Zufriedenheit von Raimund von Aguilers, der nun endgültig überzeugt war, ist er unverletzt daraus hervorgegangen. Auch wenn der Unglückliche die Prüfung nur wenige Tage überlebt hat, so liegt das Verschulden bei den Zuschauern, die ihn in Stücke gerissen hatten, um an Reliquien von solch eindeutiger Heiligkeit zu gelangen[133]. Die ältesten Zeugen erhalten auf diese Weise die Erinnerung an einen herrlichen Kreuzzug: Die gute militärische Ordnung, die großartigen Zeremonien und die Beweise des göttlichen Wohlwollens kommen darin häufig vor; sie fügen sich so gut zusammen, daß der Historiker hier die Vorbereitung der Feierlichkeiten zur Ankunft des Jüngsten Gerichts ahnt. Das ist zuviel für die Chronisten des zweiten Schubs der Kreuzzugshistoriographie. Insbesondere Robert der Mönch und Guibert von Nogent bleiben vorsichtig und versteifen sich darauf, jede Abweichung vom vollkommen spirituellen Ideal beiseite zu schieben.

Die Säuberung ist nicht einfach, denn antike Gepflogenheiten der Frömmigkeit, auf die man gegen 1100 noch Rücksicht nehmen muß, sind nach wie vor üblich. Die Bewährungsprobe der Heiligen kommt im Hochmittelalter häufig vor, um den wirksamsten Schutz des Himmels zu erlangen. Die Geistlichen akzeptieren weniger leicht die Bewährungsprobe Gottes. Der normannische Ritter und Petrus Tudebodus erinnern indessen an den Ritus, dem sich Wido, der Bruder Bohemunds, aussetzt, als er von Stephan von Blois die erfundene Nachricht von der Niederlage der Kreuzfahrer erhält. »Warum«, sagt er, sich an den wirklichen, einzigen und dreifaltigen Gott wendend, »hast Du diejenigen so schnell aufgegeben, die den Pilgerweg zu Dir, den Weg zu Deinem Grab, befreien wollten?« Wenn diese Nachricht wahr ist, dann »verlassen wir und die anderen Christen Dich, wir werden uns Deiner nicht mehr erinnern, und keiner von uns wird es jemals wieder wagen, Deinen Namen zu nennen«[134]. Die späteren Chronisten scheinen sich darüber zu empören und haben keine Probleme, die Zurechtweisung in eine Klage umzuwandeln. Gott wird sich dadurch nicht gekränkt fühlen.

Die Kreativität zeigt sich vorzugsweise im Bereich der kollektiven Rituale. Der normannische Ritter, Raimund von Aguilers und Petrus Tudebodus beschreiben glücklich die obligatorischen liturgischen Gepflogenheiten, die eine Armee von Christen vor der Schlacht ausführen muß. Bereits die Haudegen aus der Zeit Karls des Großen beugten den Kopf unter dem Segen der Bischöfe, aber seit der Belagerung von Antiochia 1098 ergehen sich die Geistlichen des Kreuzzuges eifrig in liturgischen Erfindungen. Kaum ist die heilige Lanze ausgegraben, als schon ein Gottesdienst geschrieben werden muß, um das Fest seiner Auffindung zu feiern. Folgt man dem provenzalischen Kaplan, übernimmt der heilige Andreas die Führung und befiehlt die Lesung der Epistel »seines Bruders Petrus« (1 Petrus 5,6) sowie das Singen der sechsten Strophe der Hymne *Pange lingua*[135]. »Dem Vater, der gezeugt hat, und dem gezeugten Sohn, Lobpreisung und Frohlocken, Verehrung, Ehre, Respekt und Segnung, und an Ihm, der beiden vorangeht, eine ebensolche Anbetung.« Die Entdeckung der heiligen Lanze verschafft den Kreuzfahrern gewiß einen Vorgeschmack vom Wiedersehen mit

Paris, Bibliothèque nationale de France, grec 74 (Mitte des 11. Jahrhunderts, Konstantinopel), f° 41r°.

Paris, Bibliothèque nationale de France, Rothschild 2529 (15. Jahrhundert, Katalonien), f° 210v°.

Der Realismus spielt bei den Künstlern Konstantinopels keine Rolle. Im 11. Jahrhundert führt der Einzug Christi in Jerusalem zur Betrachtung des allmächtigen Willens Christi, der die Tore eines abwartenden Jerusalem gewaltsam öffnet. Der katalonische Maler des Breviers von Martin, König von Aragon im 15. Jahrhundert, zieht dagegen den Blick auf das Gespräch zwischen Jesus und dem kleinen Zachäus, der in seinem Baum sitzt, ebenso auf die Apostel, die als lehrende Pilger dargestellt sind. Jerusalem spielt hier keine Rolle, weder vor noch nach der Zeit der Kreuzzüge.

ê aî
nî
uua
fum
þmî
q̃ lec
tus ē
ficm

ô curfum diligenter paulî de
bemus inter̃ere quio í fupfcp
tôe conûneat: ut cognita ei
origine íteltugencia ipîus fruc
tus confequam̃r. et m̃nifeſto
capîte poſſint recta m̃bra di̅
tribuî̃ínfcribiam̃ eí ut̃ a. í finê
p̃ fufcepione matutîna pſal

Christus, der auf Erden zu Fleisch geworden und durch die Hand der Menschen verletzt worden ist. Sie kommt zur rechten Zeit, um Gottes Interesse für die Menschheit zu wecken. Aber jeder weiß, daß am Tag des Jüngsten Gerichts der Herr Christus so erscheinen wird, wie er gelitten hat und wie seine Gegner ihn an seinen Verletzungen erkennen werden (Offenbarung 1,5). Die Lehre wirkt sich also vor allem auf das nahe Ende der Geschichte aus. Sie ruft in Verbindung mit der dreifachen Ausrufung des *Pange lingua* eine endzeitliche Szene hervor.

Man schafft außerdem Liturgien des Sühneopfers, vervielfacht die Prozessionen, sei es, daß sie der Sühne oder auch der Anrufung Gottes dienen sollen, zum Klang der Trommeln und der Lobgesänge, und das alles im Vorfeld des Aufbruchs zur Schlacht. »Die Priester und viele Mönche, gekleidet in lange weiße Gewänder, die Alben, marschieren vor der Truppe unserer Ritter; singend bitten sie um die Hilfe Gottes und den Schutz der Heiligen«[136]. Während die Krieger kämpfen, »stehen die Priester mit nackten Füßen und in priesterlichen Gewändern auf den Mauern der Stadt und rufen Gott an, daß Er Sein Volk verteidige und in dieser Schlacht durch den Sieg der Franken das Testament bestätige, das er mit Seinem Blut besiegelt hat«[137]. Ebenso berichten der normannische Ritter und Petrus Tudebodus: »Hinter dem Belagerungsturm sind die Priester und die Kleriker, die beten und Gott anrufen, daß Er Sein Volk verteidige, daß Er die Christenheit stärke und das Heidentum herabsetze«[138].

Laut Raimund von Aguilers hat der Bischof von Le Puy ein Triduum verordnet, drei Tage des Betens vor Antiochia[139]. Doch das hat nicht gereicht. Die Belagerung zieht sich hin, der Hunger ist an seinem schlimmsten Punkt. Man muß Besseres bieten als ein Triduum. Und es ist der Apostel Andreas, der kommt, um den Kreuzfahrern anzukündigen, daß sie diese Strafe sehr wohl verdient haben. »Ihr habt schwer gesündigt, deshalb werdet Ihr gedemütigt. Ihr habt nach Gott gerufen, und Er hat Euch gehört. Nun wende sich jeder an Gott wegen seiner Kränkungen, jeder gebe fünf Almosen für die fünf Wunden Christi. Wenn das nicht reicht, dann sage jeder ein *Pater noster* fünfmal. Wenn Ihr das getan habt, beginnt mit dem Ausruf ›Im Namen des Herren‹ zu kämpfen, wie es die Fürsten tun, wenn sie zum Krieg auffordern, bei Tag und bei Nacht, weil die Hand des Herrn dann mit Euch sein wird. Und wenn jemand am Sieg zweifelt, dann öffne man ihm die Tore, daß er zu den Türken gehe, und er wird wohl sehen, wie ihn deren Gott rettet!«[140]

Die Chronisten der Jahre 1105–1110 scheinen gegenüber soviel Erfindung eher zurückhaltend zu sein. Sie spüren eine Gefahr in den apokalyptischen Obsessionen der ersten Zeugen. Man muß diese ungesunden Ideen austreiben;

außerdem befassen sie sich damit, ohne Verzögerung das Gleichgewicht zwischen der unbestimmbaren Zukunft und der endlosen Gegenwart wieder herzustellen. Sie schließen also dieses heikle Kapitel ab und legen den Mantel des Schweigens über die eschatologischen Spekulationen des provenzalischen Kaplans. Guibert von Nogent hat nichts dergleichen in seinen Quellen gelesen und war nicht auf der Hut vor den Erzählungen seiner Informanten über den Prozessionszug nach Jerusalem. Er beschränkt sich darauf, die Zeichen der Buße hervorzuheben und erwähnt kurz die gemeinsamen Messen der Armee. Seine Empfindung ist eindeutig: Es ist unnötig, die Tore des Königreiches aufzubrechen, denn die Mönche leben schon in einer neuen Welt und zeigen den einzig richtigen Weg. Den Mönchen wird die Vollkommenheit zuteil; die anderen, weltliche Geistliche und Laien, haben an ihrem Platz zu bleiben, den ihnen der allmächtige Gott zugewiesen hat: Jeder in seinem Rang!

GELÄUTERT

Die Autoren des zweiten Schubs der Kreuzzugshistoriographie bemühen sich stärker als ihre Vorgänger darum, das fünfte Indiz zu betonen: die geistliche Bekehrung, die, um die Wahrheit zu sagen, den Grundpfeiler der kommenden Kreuzzugspredigten bildet. Der normannische Ritter zeigt sich daran wenig interessiert. Wenn man Raimund von Aguilers glauben möchte, dann wurden die Anführer der Kreuzfahrerarmee selbst von der Gnade erfaßt. Sie verkündeten den Kreuzfahrern, daß der glückliche Ausgang des Weges nach Jerusalem an die Erfüllung dreier Bedingungen gebunden sei. Zuallererst die büßende Haltung der Demut vor Gott, die Prozession mit nackten Füßen. Dann die Anrufung der Heiligen, um so an die Barmherzigkeit Gottes zu appellieren. Und vor allem die Erinnerung an das Glaubensbekenntnis, was nicht weniger ist als ein doppelter Appell an die Nachfolge Christi und an das Urteil Gottes. Dies beinhaltet die Ermahnung, die Taten Christi nachzuahmen und noch einmal zu vollziehen, »der für uns zu Fleisch geworden ist, für uns seine Diener, den Zeichen seiner Herrschaft entsagend, Er, der bescheiden auf einem Esel reitend, in diese Stadt gekommen ist, wo Er leiden sollte für uns am Kreuz die Marter des Todes«. Und man wundert sich mit den ersten Chronisten kaum darüber, daß die weltlichen Fürsten diese schöne Rede von solch hoher Spiritualität halten.

Seit der neuen Allianz von Antiochia liegt die Führung des Heiligen Krieges eindeutig in der Hand der weltlichen Anführer. Die ursprünglichen Ideale erhalten ihre alte Bedeutung wieder. Sie behalten sie in allen Neuinterpretationen der Chronisten. Deshalb klingt der aufgeregte Brief des Erzbischofs Daimbert von Pisa und der Anführer des Kreuzzuges hohl: Nach dem Ende des Abenteuers soll niemand mehr glauben, daß Geistliche einen Krieg hätten führen können, und sei er auch noch so heilig. Raimund von Toulouse, Bohemund von Tarent und Gottfried von Bouillon können die Ablösung sicherstellen. Der Bischof von Le Puy ist tot, Peter der Eremit auf seine Repräsentationsrolle eingegrenzt. Die Fürsten stehen von nun im Vordergrund der Szene, sie verweisen ihresgleichen in den Hintergrund. Ihre Banner richten sich hoch auf und unter diesen versammeln sich die Kreuzfahrer. Selbst die heilige Lanze verschwindet vom Schauplatz des Krieges. Das Paar aus einem Fürsten und einem Geistlichen ist in den Kulissen verschwunden. Von nun an gibt es drei Anführer des Krieges, drei Laien, drei Fürsten, drei verschiedene und gegensätzliche Persönlichkeiten der Zukunft. Bis Jerusalem übernehmen sie die Führung einer Armee, die, auch wenn sie spirituell zu sein scheint, dennoch nicht weniger den rauhen Regeln ihrer Kunst folgt. Gegen 1110 entdecken die Leser der Chroniken eine vertrauenserweckendere Welt als diejenige der ersten Apologeten des Kreuzzuges. Das Räderwerk der Macht ist eingerenkt, die irdischen Hierarchien wieder hergestellt, die Ordnung der Krieger hat wieder ihren Platz eingenommen, den besten unter den Laien, den der wirklichen Macht. Der Aufschwung ist erreicht.

Die nördlichen Chronisten, von Fulcher von Chartres bis Bartolf von Nangis, kontrollieren ihre Empfindungen. Aber dennoch träumen sie. Robert der Mönch erstickt vor Glück: Die Kreuzfahrerarmee »nährt sich am Busen der Könige«, unter seiner Feder entzieht sie sich den Gesetzen dieser Welt, sie ist die wirkliche Armee Gottes, sie kennt als Herrn nur noch ihren einzigen Gott, von dem alle Autorität ausgeht, sie ist reif, um in das neue Jerusalem einzuziehen[141]. Raub, Plünderungen, Unzucht war das allgemeine Los bis Antiochia. Es war in Antiochia, daß die Anführer beschlossen, die ganze Armee zu läutern. Guibert von Nogent kennt ein hervorragendes Mittel, um die gewünschte Reinheit zu erreichen: »Wenn man unter den Pilgern eine schwangere Frau entdeckte, die man unverheiratet wußte, übergab man sie mit ihrem Liebhaber abscheulichen Foltern. Das passierte einem Mönch von dem bekanntesten aller Klöster [zweifellos Cluny], der aus der Ummauerung geflohen war und sich der Expedition nach Jerusalem aus Leichtfertigkeit, nicht aus Gläubigkeit angeschlossen hatte.

Man findet ihn dort mit einer Frau. Ich glaube, er wurde daraufhin dazu verurteilt, mit dem roten Feuereisen gebrandmarkt zu werden; auf Befehl des Bischofs von Le Puy und der anderen Führer führte man die Unglückliche mit ihrem Liebhaber durch alle Lager, und völlig nackt peitschte man sie aus, um die Zuschauer abzuschrecken«[142].

Immerhin handelt es sich hier um die Verurteilung des schändlichen Umgangs zwischen einem Mönch und einer Prostituierten. Aber Bartolf genügt dieses Minimum nicht. Er geht weiter als seine Vorgänger und verkündet endlich zwei außergewöhnliche Mittel der Läuterung, direkt inspiriert vom geistlichen Reformprogramm und den Versuchen, die in jenen Jahren in Frankreich von Robert von Arbrissel und von den rechtgläubigen Kanonikern unternommen werden. Zunächst die Verweisung der Frauen aus der Armee in ein separates Lager. Dann die Beichte eines jeden, Männer und Frauen, verbunden mit einer angemessenen Buße[143]. Das Ergebnis läßt nicht auf sich warten: Raub, Sakrileg und Unzucht verschwinden aus dem Alltag, und man wiederholt diese glücklichen Anweisungen so-

bald die Stadt endgültig in die Hände der Kreuzfahrer gefallen ist[144]. Von nun an hat sich die Gesellschaft der Kreuzfahrer auf dem Vormarsch von den gewöhnlichen Lasten befreit, von der Sünde, die die gewöhnliche Welt bedroht. Es gibt keine Besudelungen mehr. Hier nun endlich hat man die Gesellschaft ohne Übel, ohne Sexualität, die befreit ist von ihrer Vergangenheit.

Guibert von Nogent geht soweit, das Bild dieser geläuterten Gesellschaft auf die Ursprünge des gesamten Unternehmens zu projizieren: »Vor diesem riesigen Aufbruch der Nationen wurde das gesamte Königreich der Franken von privaten Kriegen erschüttert. Man sprach von erheblichem Raub, von Straßensperren, von nicht enden wollenden Gewalttaten, von Kämpfen ohne anderen Grund als die unstillbare Gier [...]. Bald wurden die Menschen gegen alle Erwartung von einem unglaublichen und herrlichen Wandel ergriffen; sie baten die

Bischöfe und Priester ihnen das vom Papst vorgeschriebene Zeichen, das Kreuz, anzuheften, und wie der Ansturm des heftigsten Windes durch eine schwache Regenfront gebremst wird, so geschah es, daß der Haß und die Kriege aller durch das Verlangen beruhigt wurden, das sich ihnen aufdrängte. Es war zweifellos das Verlangen nach Christus«[145]. Keine Diebe gibt es mehr und die Sitten werden alle respektiert. Zweifellos eine Fiktion, eine Fälschung der Wirklichkeit, natürlich, aber doch so schön!

Das sechste Indiz erschließt sich aus einer Quelle: Die Armee Gottes trägt die Last einer übernatürlichen Mission, von der die Orientalen und die Heiden selbst zeugen können. Die Mutter von Kerboga versucht ohne Erfolg, ihren Sohn davon abzubringen, gegen die in Antiochia festsitzenden Franken in den Kampf zu ziehen, indem sie ihm erklärt, was sie von seinen Vätern und den Magiern und den Astrologen erfahren hat: Die Franken sind die Gesandten Gottes[146]. »Geliebter Sohn«, sagt die alte Frau, »vor nunmehr über hundert Jahren hat man in unserem Buch und in den Schriften der Heiden entdeckt, daß das christliche Geschlecht uns angreifen und uns überall besiegen wird, daß sie über die Heiden regieren werden und daß unsere Rasse ihnen unterworfen wird, aber ich weiß nicht, ob all diese Ereignisse sich jetzt oder später ereignen werden«[147]. Bei Raimund von Aguilers sind es die Syrer christlichen Ursprungs, die den Franken sagen, daß in einem ihrer Bücher, einem »Petrusevangelium«, das einer »Offenbarung des Petrus« ähnelt, geschrieben steht, daß ein christliches Volk kommen wird, um sich Jerusalems von Westen zu bemächtigen. Es wird in Antiochia belagert werden und sich aus dieser Belagerung nicht befreien können, bevor es nicht die Lanze des Herrn gefunden hat. »In dem Evangelium des heiligen Petrus, das wir aufbewahren«, erklären sie, »liest man, daß, wenn Ihr dieses Volk seid, das Jerusalem einnehmen soll, Ihr dann über das Meer kommt, auch wenn uns das eine unüberwindliche Schwierigkeit scheint. Die Worte des Evangeliums, das wir besitzen, spricht nicht nur von diesem Weg, sondern auch von vielem anderen, wie Ihr gekommen seid und was Ihr machen werdet«[148]. Wenn es ihnen bis jetzt noch nicht bewußt war, so wird den Kreuzfahrern auf diese Weise von den Syrern die Bedeutung ihrer Mission gezeigt.

Von nun an eilen die Heiligen und die Toten den Kreuzfahrern zu Hilfe. Der Patriarch von Jerusalem, Simeon, garantiert die Unterstützung der Ritter Christi Georg, Theodor, Demetrius und Blasius[149]. Petrus Tudebodus läßt den Priester Stephan die Ankunft von Georg, Merkurius und Demetrius prophezeien[150]. Raimund von Aguilers erzählt, daß der heilige Georg gekommen ist, um einen Priester schwer zu tadeln, der mit seinen Reliquien zu sorglos umging[151]. Er ist davon überzeugt, daß dieser Krieg in seiner Bedeutung weit über den von den Makkabäern geführten hinausgeht, und Guibert von Nogent fügt selbstverständlich noch vieles in diesem Sinne hinzu[152]. Raimund achtet besonders auf Zeichen, auf himmlische Botschaften, wie diesen sächsischen Graf, der Raimund IV. eine Nachricht vom heiligen Ägidius bringt[153]. Er weiß aus sicherer Quelle, daß die Armee seines geliebten Grafen in ihrem Vormarsch von zwei Rittern mit schimmernden Waffen und herrlichen Gesichtern geführt wird, und er bedauert sehr, dieses Wunder nicht selbst gesehen zu haben[154]. Der Bischof von Le Puy, Ademar von Monteil, einer der Führer des Kreuzzuges, ist schon seit langem tot, aber er ist gekommen, um den Sterblichen ausgezeichnete Ratschläge zu geben[155], und Raimund von Aguilers hat ihn am Tage des Angriffs auf Jerusalem auf die Mauern steigen sehen, um das Volk der Heiligen zum Sieg zu führen[156].

Daraufhin öffnet sich der Weg vor einer entschlossenen und ihres Triumphes sicheren Armee: Die Städte in den Händen der Sarazenen fallen eine nach der anderen oder ergeben sich, mit oder ohne Gemetzel, und wie immer bemißt sich die Zahl der türkischen und sarazenischen Toten in Hunderttausenden[157]. »Kommen nun die Tage, die Gott seiner allerseligsten Maria und seinen Aposteln versprochen hat, wenn, nachdem das Königreich der Heiden niedergeworfen und in den Staub getreten worden ist, Er das Königreich der Christen errichten wird?«[158] Unter der Bedingung indes, daß die Armee der Pilger auf dem rechten Weg geht und seinen Herrn liebt und die Eintracht an seinem Busen nährt, wie der Apostel Andreas in einer drohenden Prophezeiung in Erinnerung ruft: »Jerusalem ist keine zehn Tage mehr von Euch entfernt. Wenn Ihr Euch weigert zu befolgen, was immer ich auch befehle, dann werdet Ihr Jerusalem nicht vor zehn Tagen erreichen. Und am Ende dieser zehn Tage werde ich die Ungläubigen wieder zur Ehre gelangen lassen, und hundert von ihnen werden über tausend von Euch siegen«[159]. Jerusalem war endlich zum Greifen nahe. Aber war es deshalb das, was alle erhofften?

Die Suche nach Frieden

Paris, Bibliothèque nationale de France, Rés. Velins 696 (1493, Paris), f° 2r°.

Ein König von Frankreich, einer wie Karl VIII., hängt nicht dem Gedanken an eine Pilgerschaft nach. Wenn er nach Jerusalem gehen muß, dann, um es zu erobern. Wie oft im Mittelalter hält die Lektüre von Flavius Josephus die Ortskenntnisse aufrecht und hilft bei den strategischen Überlegungen. Die Anfangsseite des Vorwortes des Übersetzers zeigt also in der üblichen Anordnung die Bestrafung der jüdischen Rebellen nach der Einnahme Jerusalems durch Titus und Vespasian.

Krieger, Pilger, hier ist Jerusalem! Die Stunde des Endes, des Gerichts nähert sich. Seit sie das alte Königreich Juda betreten haben, kommen sie mit großen Schritten voran, so als ob sie auf verzeichneten und ihnen seit Jahrtausenden vertrauten Straßen zögen. Die ersten Berichte sprechen von kaum mehr als einem militärischen Spaziergang, der von Blutbädern gesäumt war, die einheimische Christen an ihren Herren verübten. Fulcher von Chartres steuert hingegen, und nach ihm Guibert von Nogent, eine ganz andere Sicht bei: Sie erkennen jeden durchquerten Ort, alles sagt ihnen etwas, gewinnt Gestalt. Die hebräischen Namen des alten Israel kommen ihnen wieder in Erinnerung und bedecken die Seiten ihres Berichts[160]. Seit dem Ende des 4. Jahrhunderts, als der heilige Hieronymus diese hebräischen Namen für die Christen übersetzte, hat sich also nichts verändert, und das Jerusalem, das die Kreuzfahrer im Jahr 1099 entdecken, war mit dem des antiken Israel identisch. Nun hat das Jerusalem, dem sich die Kreuzfahrer nähern, nichts gemein mit dem der biblischen Schriften oder mit dem der Kirchenväter. Es hat seinen Ursprung in einer Rekonstruktion, deren erklärte Urheber die Chronisten des ersten Kreuzzuges sind.

VORSTELLUNG UND REALITÄT

Die Kreuzfahrerarmee hat Gegenden durchquert, die keineswegs leer waren. Denn Syrien und Palästina sind stark bevölkert, bewohnt von ebenso vielen orientalischen Christen griechischer Sprache wie muslimischen Arabern, die es nicht versäumt haben, diese Ländereien seit langem zu bewirtschaften. Sie sind voller christlicher Bauwerke: Klöster wie das gegen 567 erbaute der Heiligen Maria in Bet-She'an und Hunderte von Kirchen, die dank des Kaisers von Kon-

stantinopel und der reichen Händler Syriens im 5., 6. und 7. Jahrhundert gegründet und erbaut wurden. Daneben gibt es auch bemerkenswerte Synagogen, in Nirim (Ma'on), Gerasa, Na'aran, Bet-Alfa, Thermen, wie die von Tiberias (6. Jahrhundert), Villen (Bet-Guvrin, 6. Jahrhundert) und byzantinische Paläste aus der Zeit vor dem 7. Jahrhundert. Nicht weiter erwähnt sollen die Gebäude werden, die die Araber errichtet haben, seit der Inbesitznahme des Nahen Orients durch die Nachfolger des Propheten bis zu den fatimidischen Sultanen von Kairo, wie der omaijadische Palast des Khirbat-el-Mafjir des 8. Jahrhunderts und die Moscheen in jeder Stadt, auch in Jerusalem, wo sie zu den berühmtesten zählt.

Was Jerusalem anbelangt, so schätzt der persische Reisende Nasr-i Khosraw, der dort um 1050 vorbeikommt, die Bevölkerung der Stadt auf zwanzigtausend Einwohner – nicht sehr viel im Vergleich zu Damaskus, Bagdad oder Kairo. Aber er weiß außerdem, daß die Stadt, »die dritte heilige Stadt Gottes«, sehr viel von den muslimischen Pilgern besucht wird und daß sie sich eines außergewöhnlichen Rangs erfreut. Die fatimidischen Herrscher haben es dennoch nicht für klug befunden, die Stadt zu ihrer Hauptstadt zu machen, sie zogen Ramleh vor. Die Heilige Stadt, von der der Prophet sich zu seiner nächtlichen Reise aufmachte, ist kaum mehr als eine Gedenkstätte wert. Die Ägypter, die von den Niederlagen profitierten, die die Türken in Doryläon und Antiochia einstecken mußten, haben hier trotzdem 1098 wieder Fuß gefaßt, und sie haben kürzlich die Verteidigungsanlagen der Stadt erneuert.

Die Männer des Abendlandes sehen am Ende des 11. Jahrhunderts die Realität nicht mit dem Auge des Archäologen, des Geographen oder des Soziologen; sie suchen in den Chroniken nicht die Beschreibungen der materiellen Dinge, sondern dessen, was sie für einen guten Leser und Zuhörer bedeuten. Die Bilder, die sie kennen, diejenigen, die sie vom eroberten Jerusalem mit zurückbringen, stimmen niemals mit denen der Kartographie jener Epoche überein, und noch weniger mit denen der Archäologen. Der Apostel Johannes, oder der Autor der Offenbarung, der sich seines Namens bedient, hatte »die heilige Stadt, das neue Jerusalem, gesehen, die vom Himmel von der Seite Gottes heruntergestiegen ist [...]. Diese Stadt beschreibt ein Viereck, ihre Länge und Breite sind gleich« (Offenbarung 21,16). Dachten sie an diese Stadt der Offenbarung? Die abendländischen Künstler sehen sie jedenfalls quadratisch, so der burgundische Illustrator von Robert dem Mönch[161], der italienische Maler von Civate und der Historiker Radulf von Caen. Aber Lambert von Saint-Omer (gegen 1119) und die, die das irdische Jerusalem darstellen wollen, sehen es lieber in Form eines Kreises; und so sieht es auch noch der flämische Maler des Manuskriptes von Den Haag am Ende des 12. Jahrhunderts[162]. Niemand hält eine der beiden Formen für realistisch. Denn das Quadrat symbolisiert die künstliche Ordnung, der Kreis die Harmonie der Welt.

Aber Jerusalem ist mehr als eine Vorstellung. Bei allen Juden und Christen bedeutet der Name »Stadt des Heils«: Die Stadt löst den lebhaften Wunsch nach Kontemplation aus, sie ist die Ursache für Pilgerfahrten. Die aus dem Abendland gekommenen Geistlichen wissen indessen, daß der Wert der Stadt viel höher ist. Peter der Eremit und die anderen Kleriker haben bei den Kirchenvätern und bei jüngeren Autoren gelesen, daß Jerusalem dem Recht nach nicht allein den Christen gehört: Die Bibel lehrt sie ebenfalls, daß Jerusalem dem Reich Gottes gehört, der *hereditas Domini*: Es ist die Erde, die Gott den Priestern des alten Israel zur Teilung gegeben hat[163], die befreite Erde schlechthin. Einmal wieder erobert, kann sie niemand Gott und seinen Dienern wieder wegnehmen. Es ist außerdem die Stadt, in die der Herr der Christen gekommen ist, um sein irdisches Leben zu beenden, in der er wie ein König einzieht, und in der er seine letzten Lehren erteilt. Die Stadt, in der er seine letzte Mahlzeit mit den Aposteln einnimmt, in der Judas ihn verrät, in der er verurteilt und am Kreuz getötet wird, in der er begraben wird an dem Ort, wo sich die Grabeskirche erhebt, und in der er auch auferstanden ist. Der Kaplan des Grafen von Toulouse zieht in diesem Moment das Gewand des Predigers der kirchlichen Reform über, der in der Läuterung der Kirche engagiert ist, die er gern von den Sorgen der Welt befreit sähe. Er geht hierbei bis zu den Mönchen selbst zurück, die nicht so viel zu erbitten wagten. Aber gehören nicht Robert von Reims und Guibert von Nogent, die einige Jahre später schreiben, einer Kirche an, die darum bemüht ist, die Hierarchien wiederherzustellen sowie die dem Himmel nachgebildete Ordnung, die auch wünscht, die unnützen Hoffnungen der Kreuzfahrer und der Träumer zu verbieten?

Gute sechzig Jahre später läßt der anonyme Dichter von *La Conquête de Jérusalem* [Die Eroberung von Jerusalem] den Eremiten vor Jerusalem den

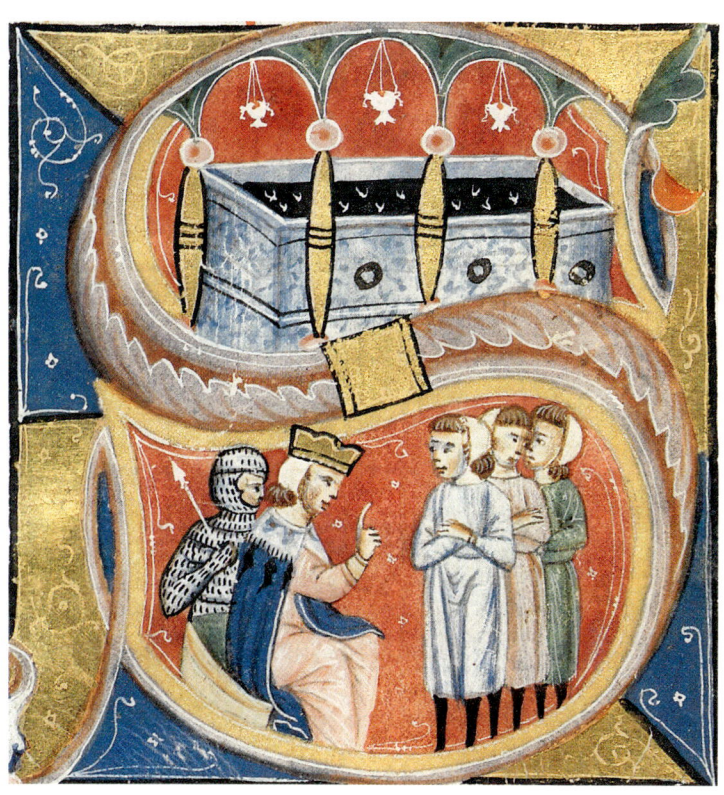

Der illustrierte Zyklus der Geschichte der Kreuzzüge hat sich Mitte des 13. Jahrhunderts in Akkon erheblich erweitert. Die römischen Maler übernehmen diese Tradition. Das Heilige Grab beschäftigt alle Sinne, der Traum von seinem Besitz legitimiert nämlich die Kreuzzüge. Gottfried von Bouillon, der dank Wilhelm von Tyrus und der epischen Dichter zum Helden von 1099 geworden ist, erscheint in der Haltung eines Königs und befiehlt den Dienern des Grafen von Toulouse, ihm den Davidsturm zu reservieren (auf der Mauer, geformt durch die Initiale S), der den Zugang zur verehrtesten aller Kirchen kontrolliert.

Kreuzfahrern eine große Rede halten. Wie es üblich ist, seit die französischen Mönche die Ideale des Kreuzzuges wieder in ihre Hände genommen haben, erfüllt Peter die Rolle des geistlichen Führers für die Fürsten und die Armee der Kreuzfahrer.

Pater Peter der Eremit auf seinen Esel stieg.

Er nahm mit sich die Barone und Fürsten

und die reiche Freiherrenschaft, die Gott reichlich belohnen wird,

und er begab sich auf die große Anhöhe von Josaphat.

Er betrachtete die Stadt Jerusalem,

und sprach solchermaßen zu den Baronen und Fürsten:

»In die heilige Stadt, werte Herren, bin ich früher gekommen.

Sehet dort den Ölberg, wo Gott erbat

die Eselin und ihr Junges, und man brachte sie ihm.

Sehet das offene Tor, durch das Jesus eintrat

in die heilige Stadt [...].

Sehet den Palast des Statthalters, wo man Gericht hielt über ihn,

wo Judas ihn verkaufte, als er sich seiner beraubte.

Dreißig Denare nahm er dafür, er verlangte nicht mehr.

Sehet dort die Säulen, wo man ihn fesselte,

und auch den Ort, wohin man ihn brachte.

Sehet den Kalvarienberg, dort, wo man ihn hinführte,

Barone, an dem Tag, an dem man ihn kreuzigte,

als Longinus seine Rippen mit der Lanze durchstieß.

[...] Sehet dort das Grab, wo Josef ihn niederlegte;

[...] Sehet dort den heiligen Tempel, den Salomo gründete,

dort waren die Apostel, als Gott sie tröstete,

und ihnen sagte »Frieden unter Euch«, und sie dadurch erleuchtete.

[...] Sehet dort den Berg Sion, wo sie starb

die Mutter des Jesus Christus, als sie verschied.

Und sehet hier Josaphat, wohin man sie trug,

hier das Grab, wo man sie niederlegte.

Nun beten wir zu unserer lieben Dame, so wie Gott sie liebte,

als er sie von seinen schönen Engeln zum Himmel tragen ließ,

möge er uns unsere Sünden verzeihen, der König, der alles geschaffen hat,

die großen und die kleinen, jede, wie er sie geschaffen hat.«

»Amen, Herrgott, unser Vater«, rief jeder von ihnen[164].

DIE ERSTÜRMUNG

Die Stadt erstreckt sich unter den Augen der Kreuzfahrer, angetan mit einem Legendenschmuck, den nur sie allein sehen können und zu gewinnen trachten, aber der den Nicht-Christen unverständlich bleibt. Das erklärt, ohne sie zu rechtfertigen, die Heftigkeit, die Verbissenheit und die Grausamkeit des Ansturms. »Im Jahr der Fleischwerdung des Herrn 1099, am siebten Tag des Monats Juni, errichtete unsere Armee ihr Lager vor Jerusalem«[165]. Die Kreuzfahrer kommen von Akkon, wo sie daran gescheitert sind, die Stadt einzunehmen: Das ist die Version von Ibn al-Athir, der davon erzählt, weil es den aktiven Widerstand der Sarazenen illustriert, aber er kann den Grund nicht nennen, warum die Christen so wenig Hartnäckigkeit gezeigt haben. Es war zweifellos notwendig, Antiochia und Edessa einzunehmen. Indessen, was bedeutet Akkon im Vergleich zu dem so nahen Jerusalem? Die Anführer der drei Armeegruppen entwerfen ihren Plan für eine Belagerung, die neununddreißig oder vierzig Tage dauern wird, alle Chronisten sind sich darin einig.

Raimund von Aguilers, der an der Erstürmung teilgenommen hat, erinnert sich an eine starke Ungleichheit: »Wir wollen zunächst sagen, daß unserer Meinung nach und der von vielen, fast siebzigtausend bewaffnete Männer innerhalb der Stadt waren, ganz zu schweigen von den unzähligen Frauen und Kindern. Bei den Unsrigen übertraf die Zahl derjenigen, die in der Lage waren, Waffen zu tragen, laut unserer Schätzung nicht die zwölftausend, und wir hatten viele Verletzte und arme Teufel. In unserer Armee gab es tausendzweihundert oder tausenddreihundert Ritter, und nicht mehr meiner Meinung nach«[166]. Siebzig Jahre später zählt Wilhelm von Tyrus etwas bescheidener: »Die Zahl der Angreifer erreichte, wie man sagte, vierzigtausend, ungeachtet ihres Geschlechts, Alters und körperlichen Zustandes; aber unter ihnen waren kaum mehr als ungefähr zwanzigtausend Fußtruppen und tausendfünfhundert Ritter, und der ganze Rest waren nur Arme, Kranke und Alte. In der Stadt waren aber vierzigtausend kräftige und schwer bewaffnete Männer«[167].

Die Zahlen sind nicht wichtig. Sie unterscheiden sich kaum, denn die Chronisten haben für Ordnung gesorgt. Die Rituale und die Art der Belagerung rufen mehr Kommentare der Zeitgenossen hervor und befriedigen dadurch die Neugier. Der normannische Ritter erzählt, wie die Kreuzfahrerarmee, von Ramleh kommend, vor den Mauern von Jerusalem eintrifft. Eine stimmige, lebhafte Erzählung ohne literarische Verzierungen.

Paris, Bibliothèque nationale de France, lat. 8846 (gegen 1200 und vervollständigt im 14. Jahrhundert in Katalonien; 480 x 325 mm), f° 128 v° und 141 r°.

Die Illuminatoren des dreigeteilten Psalters von Canterbury konnten ihr Werk nicht zu Ende bringen. Offenbar ist das Buch bereits um 1200 einem Fürsten von Katalonien oder Nordspanien übergeben worden. In der zweiten Hälfte des 14. Jahrhunderts führte ein katalonischer Künstler, der durch die Neuerungen in Mittelitalien geprägt war, die Illustration für ein Mitglied der königlichen Familie von Aragon zu Ende. Der Text leitet ihn Wort für Wort, dennoch schließt er sich der üblichen Interpretation an, die in die Randglosse und die Zwischenzeilen des Psalters übertragen ist. In Psalm 73 verflucht Christus Jerusalem, dessen Tempel zerstört wird, dann (auf der rechten Seite) treffen die Apostel die Entscheidung, sich den Heiden zuzuwenden. In Psalm 78 lamentiert der Psalmist über das Schicksal der Juden, die zur Enthauptung verurteilt sind, und über Jerusalem, das von den Feinden des Herrn überschwemmt ist, begraben unter Strömen von Blut. Die Kreuzfahrer von 1099 rächten alle diese Kränkungen, die das alte und das neue Israel erlitten hat; sie waren sicher, die Befehle des Herrn dem Buchstaben getreu auszuführen, zudem wollten sie der Auflösung der irdischen Geschichte entgegeneilen.

Frohlockend vor großer Freude gelangten wir am Dienstag, den 7. Juni, zur Stadt Jerusalem und wir belagerten sie ausgezeichnet. Der Herzog der Normandie, Robert, belagerte nämlich die Nordseite, nahe bei der Kirche des ersten Märtyrers, des heiligen Stephan, wo dieser für den Namen des Herrn gesteinigt wurde, und mit ihm befand sich der Graf von Flandern, Robert. Im Westen wurde die Belagerung von Herzog Gottfried und von Tankred geführt, und im Süden vom Grafen von Saint-Gilles, auf dem Berg Zion, nahe der Kirche der heiligen Maria, der Mutter des Herrn, dort, wo der Herr sein letztes Mahl mit seinen Anhängern einnahm [...]. Am folgenden Montag [13. Juni] griffen wir die Stadt mit äußerster Wucht an, so stark und so gut, daß, wenn die Leitern hätten angelegt werden können, die Stadt in unsere Hände gefallen wäre. Wir zerstörten die kleine Umgebungsmauer, wir errichteten eine Leiter an der Hauptmauer, unsere Ritter stiegen hinauf und schlugen sich im Nahkampf mit dem Schwert und der Lanze mit den Sarazenen und den Verteidigern der Stadt. Viele der Unsrigen fanden dort den Tod, aber noch mehr der Ihrigen [...].

Unsere Herren gingen der Frage nach, wie sie mit Hilfe von Kriegsmaschinen die Stadt einnehmen könnten, um in sie einzudringen und um am Grab unseres Herrn zu beten. Sie ließen Holzkastelle und mehrere andere Maschinen bauen. Herzog Gottfried ließ sich ein eigenes Kastell bauen, ebenso Graf Raimund von Saint-Gilles, und zwar mit Holz, das sie aus weit entfernten Gegenden kommen ließen. Die Sarazenen, die die Unsrigen die Maschinen bauen sahen, statteten die Stadt mit ausgezeichneten Verteidigungsanlagen aus und verstärkten die Türme während der Nacht.

Unsere Herren sahen, von welcher Seite die Stadt am schwächsten befestigt war; das war im Osten, und dorthin ließen sie in der Nacht des Samstag, des 9. Juli, unsere Maschine und ein Holzkastell transportieren. Sie ließen es bei Tagesanbruch aufrichten; am Sonntag ebenso wie am Montag und am Dienstag rüsteten sie das Kastell aus und verstärkten es, denn im Süden ließ der Graf von Saint-Gilles seine Maschine reparieren. In jenen Tagen wurden wir alle so sehr von Durst übermannt, daß ein Denar nicht ausreichte, um genügend Wasser zu bekommen, um den Durst eines Mannes zu stillen. Am Mittwoch und Donnerstag griffen wir die Stadt bei Tag und Nacht prächtig von allen Seiten an. Aber vor dem Ansturm ordneten die Bischöfe und die Priester durch ihre Predigten und ihre öffentlichen Ratschläge an, daß man zu Ehren Gottes eine Prozession um Jerusalem herum feiern und mit Inbrunst Gebete, Almosen und Fasten in Angriff nehmen sollte.

Am Freitag, den 15. Juli, mitten am Vormittag begannen wir den Angriff auf die Stadt von allen Seiten, zunächst aber ohne jeden Erfolg, und wir wurden alle von Bestürzung ergriffen und von großer Furcht. Aber als sich die Stunde näherte, wo der Herr Jesus Christ in seiner großen Güte für uns die Folter am Kreuz erlitt und während

unsere Ritter mit großem Eifer von dem rollenden Kastell aus kämpften, insbesondere
Herzog Gottfried und sein Bruder Graf Eustachius, erkletterte einer unserer Ritter mit
Namen Litold die Mauer der Stadt. Kaum war er hinaufgeklettert, als alle Verteidiger der
Stadt von den Mauern und durch die Stadt flohen; die Unsrigen eilten zu ihrer Verfolgung,
jagten, töteten und mordeten, bis zum Tempel des Salomo, und dort gab es ein solches Blut-
bad, daß die Unsrigen bis zu den Knöcheln im Blut der Feinde wateten [...].

Der Admiral, der den Davidsturm bewachte, ergab sich Graf Raimund und öffnete ihm das Tor, wo die Pilger normalerweise den Tribut entrichteten. Einmal in der Stadt, verfolgten und töteten unsere Pilger die Sarazenen bis zum Tempel des Salomo, wo sie sich sammelten und den ganzen Tag eine wütende Schlacht lieferten, so, daß sich ihr Blut im ganzen Tempel verbreitete. Die Heiden wurden überwältigt, und die Unsrigen ergriffen Männer und Frauen und töteten oder ließen sie am Leben, wie es ihnen gefiel. Bald liefen sie durch die ganze Stadt, rafften Gold, Silber, Pferde und Maultiere zusammen und plünderten die Häuser, die vor Reichtümern überquollen[168].

Unterdessen löst sich Raimund von Aguilers von einer Erzählung, die ihm zu trocken erscheint. Ein Kriegsplan sagt, selbst wenn er von dem Besten der Fürsten wie dem Grafen Raimund erdacht war, nichts über eine sehr viel tiefere Wahrheit aus. Die Informationen der Einwohner, die Kenntnisse der Kundschafter und der Expertenblick der Anführer bedeuten nichts für die Entdeckung des Zugangs zur Heiligen Stadt. Es bedarf des Eingreifens des Einsiedlers, des üblichen Initiators in den Heldenliedern und höfischen Romanen, damit endlich die Kreuzfahrer den Schlüssel erhalten, um in Jerusalem einzudringen. Der provenzalische Chronist überträgt diese Rolle an einen Einsiedler vom Ölberg[169]. Desgleichen muß er hervorheben, daß die endgültige Eroberung eine Prüfung ist: »Man begann einen erfolglosen Angriff. Dann verteilten sich alle in der Umgebung, um Nahrung zu suchen, aber man hatte keine Befehle gegeben, um das notwendige Material für die Einnahme der Stadt zu sammeln, jeder dachte nur an sein Maul und an seinen Bauch. Und, schlimmer noch, die Kreuzfahrer riefen nicht den Herrn an, daß er sie befreie von so vielen unterschiedlichen Übeln, die sie heimsuchten, bis sie daran starben. Bei unserer Ankunft hatten die Sarazenen nämlich die Brunnen vermauert, sie hatten die Zisternen geleert und die Zugänge zu den Quellen versperrt. Der Herr selbst hatte wegen der Bosheit derjenigen, die diese Gebiete bewohnten [Psalmen 106, 33–34], die Flüsse in Wüsten, die Quellen in Durst verwandelt«[170].

Hingegen folgt der Provenzale dem normannischen Ritter, wenn es darum geht zu erklären, wie man die Hilfe Gottes gewinnen konnte. Die Kreuzfahrerarmee unternimmt also in großem Aufzug und mit fürchterlichem Lärm eine liturgische Nachahmung der Einnahme Jerichos durch Josua, der damals dem erwählten Volk endgültig den Zugang zum Gelobten Land geöffnet hatte. Nun geht Kaplan Raimund weit über die ursprüngliche Erzählung und über die seines *alter ego* Petrus Tudebodus hinaus. Die Schlacht entzieht sich nun einem gemeinen Waffengang, sie wird zu einem Kampf auf Leben und Tod zwischen zwei Armeen, derjenigen Christi und der des Antichristen. Denn während der Prozession brachen die Sarazenen und Türken außer sich vor Vergnügen in schallendes Gelächter aus und verhöhnten die Kreuzfahrer, indem sie die heilige

Paris, Bibliothèque nationale de France, supplément Turc 190 (1436, Harät), f° 5v.

Wer wußte im 13. Jahrhundert, daß Mohammed Jerusalem für eine heilige Stadt hielt, die dritte des Islams nach Mekka und Medina? Die Kreuzfahrer kennen genausowenig den Mi'radj Nameh, die Sammlung der »Wunderbaren Reisen des Propheten«: Ein nächtliches Abenteuer führt ihn durch die bekannte Welt, von der Moschee al-Aksa in Jerusalem bis zum Tempel des Salomo der Juden und dem Heiligen Grab der Christen. Alle Protagonisten des Kreuzzuges sind also vom hohen Symbolismus der Stadt überzeugt, und das erklärt die mörderische Hartnäckigkeit der Eroberung.

Prozession im Inneren der Stadt und auf den Mauern nachäfften. »Sie hatten auf der Mauerkrone Galgen errichtet, an die sie Kruzifixe gehängt hatten, die sie mit Ruten schlugen und die sie beschimpften«[171].

Fulcher von Chartres greift diese schändliche Reaktion nicht auf. Mehr als jemals zuvor erweist er sich in seiner Sicht der Dinge als Ritter, denn er gesteht nur eine ohrenbetäubende Schlacht ein. Er hört lediglich eine gute militärische Musik, um die Männer in der Schlacht anzuspornen. Diese Aufgabe fällt den Trompetern zu. So machten es die Griechen, Boethius erinnert zu Beginn des 6. Jahrhunderts daran. Aber als die Franken siegreich durch die Bresche in der nördlichen Mauer dringen, ziehen sich die Trompeten zurück: Nun obliegt es den tiefer klingenden Hörnern, den Schlachtruf »Gott hilft« zu unterstützen[172]. Das Ohr von Guibert von Nogent hört diese kriegerischen Klänge nicht, auch nicht die Blasphemien der Gegner. Nur einige Jahre nach Fulcher denkt der Mönch nur an die Demut und die ernsthafte Buße der Fürsten und ihrer Getreuen.

Als die Unsrigen begannen, die Türme auf die Mauern zuzuschieben, flogen die Steine von allen Seiten [...], und unzählige Pfeile prasselten wie Hagel. Aber die Diener Gottes ertrugen all das, weil sie die Gewißheit des Glaubens hatten, daß sie als Märtyrer fallen würden und daß sie sich sofort an ihren Feinden rächen würden. Der Kampf ließ nichts von einem Sieg ahnen. Als die Unsrigen sich mit ihren Maschinen der Mauer näherten, warf man Steine und Pfeile auf sie, aber auch Holz und Stroh, gefolgt von entzündeten Fackeln, mit Pech eingeschmierten Holzkugeln, Wachs, Schwefel und Werg, und brennenden Tüchern. Die Kugeln waren solcherart mit Nägeln gespickt, daß sie sich, wohin auch immer sie fielen, festhakten und dort Feuer legten. Die Belagerten warfen Holz und Stroh, damit die so entfachten Feuer diejenigen zurückhielten, die weder das Schwert noch die hohen Mauern noch die tiefen Gräben zurückhalten konnten. An jenem Tag dauerte der Kampf vom Sonnenaufgang bis zum Tagesende, und war so bewundernswert, daß man glauben möchte, daß es niemals etwas Herrlicheres gegeben hat. Wir riefen erneut den allmächtigen Gott an, unseren Fürsten und Führer, zuversichtlich, Seiner Barmherzigkeit sicher zu sein. Die Nacht kam, die Angst verdoppelte sich hier und dort [...]. Am frühen Morgen wurden die Unsrigen von einem solchen Eifer ergriffen, daß sie bis zu den Mauern vordrangen und die Maschinen dahin schoben, aber die Sarazenen hatten so viele Maschinen gebaut, daß eine von den unsrigen neun oder zehn der ihren gegenüberstand und unsere Anstrengungen auf diese Weise erheblich bremsten. Nun war es der neunte Tag, der Tag, an dem die Stadt genommen werden sollte [...]. Es war ungefähr Mittag, unsere Leute waren ängstlich, ebenso von Verzweiflung wie von Müdigkeit ergriffen [...]. Da zeigte sich die Barmherzigkeit Gottes als Vermittlerin, die unsere Trauer in Freude verwandelte[173] *[...]. Einige rieten bereits zum Rückzug der Maschinen, die halb verbrannt oder zerstört waren, als auf dem Ölberg ein Ritter begann, seinen Schild zu schwenken als Zeichen für die Leute des Grafen und die anderen, in die Stadt einzudringen. Wer er war, konnten wir nicht wissen. Auf dieses Zeichen faßten die Unsrigen, die schon zurückwichen, wieder Mut, und begannen, auf die Mauern zuzustürmen*[174], um die Leitern anzustellen. Das Wunder begann. Es gelang, einen der Gegentürme anzustecken, der an ein rollendes Kastell der Kreuzfahrer angehängt war: Er wurde sofort von den Sarazenen, die ihn bedienten, im Stich gelassen; er wurde ein Werkzeug Gottes, das Instrument des Sieges der Armee der Heiligen, das von der göttlichen Vorsehung gegeben wurde. Herzog Gottfried und den Seinen gelang es, eine der Verstärkungsplatten des Turmes abzusenken; sie machten daraus eine Brücke, über die sich die Ritter in die Stadt ergossen.

Unter den ersten, die eindringen, sind Tankred und der Herzog von Lothringen, der an diesem Tag so viel Blut fließen läßt, daß man es kaum glauben mag. Die anderen dringen nach ihnen ein, nun ist es an den Sarazenen zu leiden[175]. Wie schade, ruft Raimund von Aguilers aus, daß diejenigen, die diesen Bericht lesen und hören, die wunderbare Einnahme Jerusalems nicht sehen konnten! Sie hätten sich daran erfreuen können, zu sehen, wie es den Feinden gezeigt wurde, so wie er vor Glück außer sich ist in der Erinnerung an das Massaker an den Sarazenen, das an diesem Tag stattfand: »Die einen, und das war das mildeste Schicksal, wurden enthauptet, andere, von Pfeilen angetrieben, wurden gezwungen, tapfer von der Höhe der Mauer zu springen, die anderen schließlich, die lange vom Feuer verfolgt und eingekreist werden, entzündeten sich wie Reisig. In den Stadtvierteln und auf den Plätzen sah man Stücke von Köpfen, Händen und Füßen [...]. Kommen wir zum Tempel, wo die Sarazenen gewöhnlich ihre Riten und ihre Feste abhielten! Was machte man dort? Wenn ich die Wahrheit sagte, würde man mir nicht glauben. Das allein wird genügen: Im Tempel und unter dem Portikus des Salomo ritt man bis zu den Knien im Blut, bis zu den Gebissen der Pferde« [Offenbarung 14,20][176]. Der normannische Ritter erinnert sich nicht an eine solche Flut von Blut, aber das ist nicht wichtig. Er kümmert sich nicht darum, den Einzug des Weltgerichts auf den Stufen des Tempels zu beschreiben, und der zweite Schub der Chronisten des Kreuzzugs noch weniger.

DAS OSTERFEST

Am Ende des 15. Jahrhunderts verbreiten nur noch einige Träumer im Dienste einer wirklichkeitsfremden Ritterschaft die Ideale des Kreuzzuges. Ein hervorragendes Werk, das von einem Meister mit dem Pinsel gezeichnet wurde, der vielleicht in Flandern gelernt hatte, breitet ohne Nostalgie den Mantel des Vergessens über die Vorstellungswelt des Kreuzzuges. Das Werk dient der Würdigung der bemerkenswerten Ereignisse, die dem Leben des Richard Beauchamp, Graf von Warwick (1389-1439), so viel Glanz gegeben haben. Beauchamp, ein großer englischer Edelmann, der dem ersten Kreis der Aristokratie angehörte, hat drei Königen Englands auf dem Höhepunkt des Hundertjährigen Krieges treu gedient; dessen ungeachtet ist er auch ein Verwandter des sehr französischen Herzogs von Berry. Um 1400 unternimmt er eine lange Reise bis nach Jerusalem. Er wird bei seinem Einzug in Jerusalem vom Abgesandten des Patriarchen begrüßt. Dann begibt er sich mit seinem Gefolge in die Grabeskirche; dort schenkt er dem franziskanischen Wächter des Heiligen Grabes ein Almosen und kniet nieder, um seine Gebete zu sprechen. Gestärkt durch diese Weihe, kann er sich daran machen, Höflichkeiten mit den hohen Offizieren des Sultans auszutauschen, die am Ende des 11. Jahrhunderts undenkbar gewesen wären. Jerusalem ist wieder zu dem geworden, was es während des Hohen Mittelalters gewesen ist: das Ziel einer herrlichen Pilgerschaft in einer gleichgültigen Stadt.

Die Stunde, zu der sich die Bresche öffnete, durch die die Franken sich in die Stadt ergossen, wurde fast von allen Historikern notiert. Warum das? Keiner der Chronisten versuchte, lediglich die Neugier zu befriedigen, sondern sie wollen vielmehr zeigen, wie das Ereignis in einem anderen symbolischen Augenblick aufging. Gegen 1110 wird die Stunde der Eroberung der Heiligen Stadt, von der man weiß, daß es die Stunde ist, als Christus seinen letzten Seufzer tat, zur Stunde der vollkommenen Wiederherstellung der Christenheit. An diesem Freitag vollzieht sich so der letzte Akt: »Zu der Stunde, als Gott seinen Leiden erlag, drangen wir Franzosen in die Stadt ein«[177].

Raimund von Aguilers erinnert sich an eine fröhliche Prozession aller Pilger, die aus Leibeskräften den Psalm zum Ostertag sangen: »An diesem Tag hat Gott es getan, brechen wir an diesem Tag in Freude aus«[178]. »An jenem Tag haben wir den Gottesdienst der Auferstehung gesungen, denn an jenem Tag hat uns der, der durch seine Kraft von den Toten wiederauferstanden ist, durch seine Gnade wieder lebendig gemacht«[179]. Denn nach der Sühne der Fastenzeit und dem Eintritt in die Heilige Woche ist der so heiß ersehnte Tag von Ostern gekommen. Der Freude der Gläubigen, die die Auferstehung des Herrn feiern, der ruhmreich aus dem Grab auferstanden ist, entspricht die ausgelassene Freude der Kreuzfahrer vor dem befreiten Heiligen Grab. Und so wie die Christen den Tag von Ostern als die Wiedergeburt der Welt zu einem neuen Frühling feiern, stimmen die Krieger die Hymnen einer endlich neuen Welt an. Dessen waren sich die ersten beiden Dichter des Kreuzzuges beide bewußt, wie zweifellos auch

Florenz, Biblioteca Medicea-Laurenziana, Plut. 15. 17 (1489–1490, Florenz), f° 2v°.

Der König von Ungarn, Matthias Corvinus, ein Humanist und Widersacher der Türken, liebte reich illuminierte Bücher, die er bei den besten florentinischen Malern bestellte. Vor Jerusalem, das auch Florenz sein konnte, wenn man dort auch nicht das massive Heilige Grab an Ort und Stelle von Santa Maria del Fiore sehen würde, betet König David zu Gott, Israel zu retten, während sich zwei Armeen vor den Mauern der Stadt auf die Schlacht vorbereiten. Einige Jahre später gab sich Florenz einem Fra Savonarola hin, um das Jahrhundert im ewigen Frieden zu beenden, und das Königreich Ungarn erlebt einen Aufschub in dem Krieg, den es gegen die Ottomanen führt.

die Teilnehmer des Heiligen Krieges. Die folgenden Jahrhunderte lehnten diese aufdringliche Begeisterung ab und unterdrückten sie. »Nun, überglücklich und vor Freude weinend, kamen die Unsrigen, um das Grab unseres Retters Jesus zu bewundern und entledigten sich ihrer Hauptschuld ihm gegenüber [...]. Acht Tage nach der Einnahme der Stadt wählte man Herzog Gottfried zum ›Fürsten der Stadt‹, um die Heiden zu bekämpfen und die Christen zu verteidigen«[180]. Konnte man das Königreich Jerusalem einem Menschen übergeben, ohne das Risiko einzugehen, die Reiter des Antichristen zu entfesseln? Gottfried verweigerte sich einer solchen Vermessenheit und bat darum, nur der Anwalt, der Verteidiger und Wächter des Heiligen Grabes zu sein. Seinem frommen Wunsche stimmten die Fürsten ohne Umschweife zu. Nicht aber die Chronisten: Ins Abendland zurückgekehrt, beeilten sie sich, die Fiktion eines Königreiches und einer Krone zu erfinden, die dem bescheidenen Herzog Lothringens gegeben und von ihm angenommen wurde.

Nachwort

Im Jahr 1099 der Zeugung

und der Geburt des Herrn,

am fünfzehnten Juli, der von nun an von der Sonne durchflutet ist,

nahmen die Franken, von ihrer Tugend beseelt, Jerusalem ein.

Fulcher von Chartres beschließt seine Erzählung vom Kreuzzug mit diesem berühmten Vierzeiler, den die Nachwelt unablässig aufnimmt und wiederholt, bis zu den Gräbern der fränkischen Ritter, die später in der Heiligen Stadt gestorben sind. Um 1170 herum hat Johann von Würzburg sie auf einem Sarkophag in Jerusalem gelesen. Er ist Deutscher und wie alle Männer der zweiten Hälfte des 12. Jahrhunderts interessiert er sich für die Zeichen eines nationalen Bewußtseins. Er erweist sich als guter Patriot. Er bemerkt, daß Gottfried von Bouillon kein »Franke« war, das heißt ein Franzose, sondern ein Deutscher; er fordert also, daß man die Geringschätzung wiedergutmachte, die den Angehörigen seiner Nation zuteil wurde[181]. Er hat unbedingt recht. Tatsächlich hat sich eine Generation von Chronisten die Vorstellungswelt Jerusalems angeeignet. Nun sind diese Männer alle, außer den beiden Normannen, im Königreich Frankreich ansässig. Sie haben nur Augen für ihre kapetingischen Fürsten und weichen nur zugunsten von Gottfried von Bouillon von der fränkischen Selbstbezogenheit ab, weil er in Erwartung eines Königs den Titel des Fürsten von Jerusalem tragen wird. Sie vertiefen also das Informationsdefizit über die anderen Völker, die am Kreuzzug teilnehmen, und schaffen es, den Kreuzzug gewaltsam als ein exklusives Unternehmen der französischen Ritter darzustellen. Erst fünfzehn Jahre nach der Einnahme Jerusalems werden andere Historiker auch deutlich von anderen Pilgern des Jahres 1099 sprechen.

Es gibt noch ein anderes Stillschweigen und eine Merkwürdigkeit. Keiner der Chronisten des ersten Kreuzzuges hat erklärt, warum Jerusalem so schnell gefallen ist, auch nicht, warum sie ihren Bericht über den 15. Juli 1099 hinaus fortsetzen. Man kann sicherlich einige Hypothesen aufstellen. Sicherlich hatten die Verteidigungsanlagen der Stadt unter der Rückeroberung durch die Ägypter vor eineinhalb Jahren gelitten, und man hatte nicht genug Zeit gehabt, um sie vor dem Eindringen der abendländischen Ritter zu verstärken. Hatten die Ägypter schließlich das Land, das mehr als zwanzig Jahren lang von den Türken besetzt war, tatsächlich wieder vollkommen unter ihrer Kontrolle? Zweifellos haben auch die Christen Palästinas eine bedeutendere Rolle gespielt, als es die fränkischen Chronisten zugestehen. Schließlich waren die Belagerten auch am Ende ihrer Kräfte und von der Hilfe, die erst einen Monat nach der Einnahme der Stadt eintrat, abgetrennt. Im übrigen, und das ist das Merkwürdige, endet keine der Erzählungen vom ersten Kreuzzug mit der Einnahme von Jerusalem. Die Chronisten sind alle darüber hinausgegangen. Der normannische Ritter, Raimund von Aguilers und Petrus Tudebodus beenden ihre Geschichte nicht mit dem Fall der Heiligen Stadt, sondern mit dem großen Sieg über die Armee der Ägypter bei Askalon am 12. August 1099. In ihren Augen war also das Abenteuer am Abend des 15. Juli noch nicht beendet. Für sie hat sich der letzte Akt des Dramas an einem anderen Schauplatz ereignet. So wurde schon sehr früh klar, daß die Eroberung Jerusalems nicht mehr der einzige Grund für ein unvergleichliches Abenteuer gewesen ist.

Die Zeitgenossen erwarten, daß ihnen der Kreuzzug dargestellt und erklärt wird. Diejenigen, die zurückgekommen sind, wünschen, daß die Erinnerung an ihre Heldentaten bewahrt und verherrlicht wird, und diejenigen, die die Rückkehr der Helden abgewartet haben, fordern den Lobpreis dessen, was allen wie eine Tat ohnegleichen in der ganzen christlichen Geschichte erscheint. Zwischen 1099 und 1112 teilen sich also der normannische Ritter, Raimund von Aguilers, Petrus Tudebodus, Fulcher von Chartres, Radulf von Caen, Robert von Reims, Balderich von Bourgueil und Guibert von Nogent diese Aufgabe. Man kann nicht oft genug wiederholen, wie hervorragend die Arbeit dieser Generation von Historikern war. Sie haben, jeder auf seine Art, neu interpretiert und jeder hat das Werk seiner Vorgänger umgearbeitet. Ein Jahrzehnt hat ihnen dazu genügt. Sie greifen die frische Erinnerung auf, die noch warm ist, und schreiben gleich nach dem Ende des ersten Kreuzzugs in zwei Schüben eine neue Geschichte.

Die drei ersten Autoren tun sehr viel mehr, als nur Erinnerungen an einen großen Reiterzug zu sammeln und zu ordnen. Der normannische Ritter, Raimund von Aguilers und Petrus Tudebodus übertreffen sich selbst in einem

London, British Library, Cotton Nero A. X (kopiert gegen 1375–1400, gemalt gegen 1400–1410, Midlands), f° 42v° (alte 38v°).

Jerusalem bleibt die ambivalente Stadt schlechthin: irdisch und historisch, himmlisch und eschatologisch. Die Gelehrten der Exegese, auch die Dichter, von Dante bis zum englischen Anonymus, der das im Stabreim gehaltene, *Pearl* betitelte große Gedicht verfaßt hat, kümmern sich nicht um die erstgenannte Dimension Jerusalems. Hier sieht der Erzähler des *Pearl* im Traum auf dem anderen Ufer eines Stromes das Perlenmädchen vor den Mauern des himmlischen Jerusalem. Das Mystische hat sich des Unerreichbaren bemächtigt, die Geistlichen haben dem Kreuzzug seit Anfang des 12. Jahrhunderts wieder eine von den Laien vergessene Bedeutung zurückgegeben, die indessen in den mönchischen Auditorien treu aufbewahrt wurde.

Krieg ohne Gnade: Sie sammeln und überliefern die erlebten und geteilten Gefühle, die lodernden Düfte der Leidenschaft. Sie verleihen den wesentlichen Themen einer ganz nahen und sie noch immer beschäftigenden Vergangenheit Ausdruck. Alle drei, und Fulcher von Chartres mit ihnen, obwohl er eher die Scheuklappen einer quasi religiösen Besessenheit beizusteuern scheint, wollten die Geschichte der Eroberung Jerusalems nach drei wichtigen Leitmotiven erzählen, die für sie unumstößliche Gewißheiten darstellen.

Sie betrachten den Kreuzzug zuallererst wie eine religiöses Werk, ein Unternehmen aller Kirchen des Abendlandes, die sich nicht im mindesten um die Kirche des Orients kümmern und notfalls auch gegen den Willen der Byzantiner handeln.

Die zweite Gewißheit besteht darin, daß der Weg, an den sie sich erinnern, dem gleicht, was man viel später den »Kreuzweg« genannt hat: Der Kreuzzug war für sie die Erfahrung der Nachfolge Christi. Sie haben gelitten und doch gesiegt, dank ihrer absoluten Treue gegenüber dem gegebenen Versprechen, gegenüber ihrem Kreuzzugsgelübde. Unter ihrer Feder verwandeln sich die Kreuzfahrer in einen herrlichen Zug von Pilgern, die getragen sind von dem Wunsch nach einer höheren Gerechtigkeit, der Gerechtigkeit Gottes. Geheiligt und innerlich erneuert in der Bewährung haben sie den gerechtesten aller Kriege geführt: Keiner der ersten Chronisten zweifelt daran. Der schwere Weg, dem die Kreuzfahrer gefolgt sind, wird nun der einer nicht nur individuellen, sondern gemeinsamen Erlösung auf kosmischer Ebene. Der Krieg ist ein Werkzeug dieser Erlösung, die fränkischen Krieger sind seine eigentlichen Akteure: Sie dienen den Wegen Gottes, sie dienen einer Rache; als sei allein die Stimme der Waffen in der Lage, den Schreien der Sünder und der Märtyrer zu antworten.

Die dritte Gewißheit ist beim normannischen Ritter und Petrus Tudebodus spürbar, noch mehr aber bei Raimund von Aguilers: Die großartige Liturgie ihres Krieges bildet den Auftakt zur Schlußszene des Weltgerichts durch Christus. Die ersten Historiker des Kreuzzuges lassen die Faszination durchblicken, die die Prophezeiungen auf sie wie auf alle ihre Zeitgenossen ausüben. Zweifellos haben sie während der Eroberung von Jerusalem, als sie den Tempel den Händen der Ungläubigen entrissen, geglaubt, daß ihre Trompeten das Ende der Kriege des Herrn ankündigten, und somit das Ende der Geschichte, den Moment, wenn endlich die Pforten des Königreichs Gottes durchschritten werden.

Die Gelehrten des Hohen Mittelalters übertreffen sich darin, die Ängste zu vertuschen, die bei ihren Zeitgenossen die Nähe des Letzten Gerichts hervorrief. Es scheint sogar, daß dieses Gefühl vor den Schriften des ersten Kreuzzuges niemals so klar hervorgetreten ist. Die Hoffnungen, die Unsicherheiten und die Schrecken der Endzeit sind das gemeinsame Los der Gesellschaften des Hohen Mittelalters im Abendland. Sie schockieren aber die kalte Rationalität des Historikers unseres Jahrhunderts. Diese sprechen deshalb nicht gern darüber. Sie gestehen gezwungenermaßen allenfalls ein, daß in den Jahrhunderten vor dem Jahr 1000 einige Spuren davon zu finden sind. Man darf sich allerdings nicht über den Erfolg der Eschatologie in der Armee der Kreuzfahrer wundern, die Jerusalem eingenommen haben. Die Gelehrtesten unter ihnen erinnerten sich an die Prophezeiungen vom endgültigen Sieg der Getreuen Christi in Jerusalem. Sie hatten Gelegenheit, sie den Stumpfsinnigsten der Krieger auf dem Weg und vor den Mauern der Heiligen Stadt zu erzählen. Aber die pilgernden Ritter waren nicht die einzigen, die das Ende der Geschichte für nah hielten. Die Mitglieder der jüdischen Gemeinden entlang des Rheintales und der Donau, die unter den ersten Auswüchsen des christlichen Antisemitismus im Frühling und Sommer 1096 zu leiden hatten, haben ihren Büchern die Berichte über die von den Kreuzfahrern begangenen Plünderungen, Pogrome und Schändungen anvertraut: Sie verbreiten den Geruch einer Jahrhundertwende, sie appellieren an das nahe Kommen eines Messias und des großen, letzten Tages, dem kein Morgen mehr folgt. Auch muslimische Propheten ziehen im 11. Jahrhundert durch die muslimischen Gesellschaften, ängstlicher als jemals zuvor, weil das Ende der fünfhundert Jahre seit der Hedschra (1106–1107) naht. Sie predigen die Ankunft des Mahdi, der, so meinen einige, zunächst Rom erobern wird und dann Konstantinopel[182]. Aber niemals haben die Autoren der muslimischen Flugschriften von einer endgültigen Niederlage der Kalifen geschrieben: Sie haben genau das Gegenteil gepredigt, sie haben die Invasion aus dem abendländischen Europa nicht erwartet, und noch weniger, daß sie aus einer religiösen Eingebung erfolgen würde[183]. Die Kreuzfahrer sind also nicht die einzigen, die sich an der Schwelle eines erhofften Endes glaubten. Sie waren indessen die einzigen, die ihren großen Marsch für den Höhepunkt und das mögliche Ende der Geschichte hielten. Nicht ohne eine tiefgehende Ambivalenz, denn sie können sich weiterhin über das Ergebnis des ruhmreichen Feldzuges Fragen stellen: Welch tiefes Gefühl trägt am Abend der Eroberung Jerusalems oder am Tag nach dem großen Sieg von Askalon den Sieg davon, zwischen dem sicheren Glück, den letzten der Kriege gewonnen zu haben, und der Furcht, die kommenden Mächte einem noch größeren Übel ausgeliefert zu haben? Schrecken die Prophezeiungen der Apokalypse und die des Pseudo-Methodius nach dem Triumph der Kreuzfahrer nicht mit der Drohung einer Rückkehr des Antichristen in den Tempel von Jerusalem?

Die Pilger von Jerusalem wurden während ihres ganzen langen Weges von einem immensen Eifer bewegt. Sie gaben ihre Hoffnungen auf, sobald das Objekt ihrer Begierde in ihre Hände gefallen war. Die Realität hat den Traum niedergewalzt, und sie hatte Grund dazu. Deshalb haben sich Fulcher von Chartres und die drei Mönche, die ihm nachfolgten, bemüht, die Spuren einer für ihren Geschmack zu starken Emotion auszumerzen. Kaum hatte Fulcher seine erste Version des

Kreuzzuges veröffentlicht, gegen 1105 oder kurz danach, als jeder in den abendländischen Königreichen die Lektion bereits begriffen hatte: Diese besagt, daß die Würfel noch nicht gefallen sind, daß Gott den Menschen eine Atempause läßt und daß die Geschichte im Heiligem Land weitergeht. Die Angst des Jahres 1099 vor dem Jüngsten Gericht auf dem Hügel von Golgatha ist bald, seit 1105, dem Stolz gewichen, die zeitlichen Begrenzungen der Geschichte zurückgedrängt zu haben. Der Krieg kann also säkularisiert werden, wie es die römische Orthodoxie möchte, die sich seit einigen Jahrzehnten darum bemüht, die Geistlichen und ihre Kirchen eben davor zu bewahren. Die Chronisten des zweiten Schubs der Kreuzzugshistoriker, Fulcher von Chartres, dann Robert von Reims und Guibert von Nogent kreieren die Interpretation, die sich in den geistlichen Kreisen gegen 1110 offiziell durchsetzt: Sie finden mit Erleichterung die ausgetretenen Pfade des Gottesfriedens wieder, sie trennen die Idee von Jerusalem von seiner materiellen, der historischen Realität, sie denunzieren die ungeordneten Triebe der unsteten Menschen wie auch der Mönche, die Ritter spielen wollen, und sie unterdrücken auch den zu sinnlichen Wunsch nach einem Königreich Gottes, das, wie sie wissen, nicht von dieser Welt ist. Für sie muß man das wahre Jerusalem dort suchen, wo sich das Kloster erhebt, oder, wie sie zugestehen, die Kathedrale. Ihre Bemühungen richten sich darauf, das, was man »abendländischen Optimismus« nennen muß, zufriedenzustellen, ein Optimismus, der sich in jenen Jahren aus den Überresten eines sehr alten Pessimismus befreit.

Diese Chronisten arbeiten nicht nur aus zweiter Hand. Sie gewinnen die Wirksamkeit der »kalten« Überlieferung wieder, die einer beschaulicheren und besonneneren, ja vielleicht gerechteren neuen Lesart. Sie fassen die Erinnerung der Menschen und die schriftlichen Berichte zusammen. Seit Fulcher von Chartres gestalten und berichtigen sie die Überlieferung in fünf wichtigen Punkten. Das ist die Rache der Männer der Kirche: Ihre erste Sorge besteht darin, die Initiative dem Papst und seinen Legaten zurückzugeben. Sie meinen, daß die ersten Chronisten den Männern des Krieges einen zu bedeutenden Platz eingeräumt haben. Sie rehabilitieren im übrigen die Vergessenen des Krieges und seine hauptsächlichen Opfer, die »Armen Christi«, die mit der Armee der Ritter in Berührung kamen und die diese häufig dem schlimmsten aller Schicksale überlassen hat.

Eine dritte Neuinterpretation der Geschichte, ein Glücksgriff, um genau zu sein, besteht darin, den Kreuzzug mit dem Heldenlied von Karl dem Großen in Verbindung zu bringen, mit Roland und der Schlacht von Roncevaux. Das Rolandslied, der von Jerusalem befreite Kreuzzug, liefert den frühesten literarischen Ausdruck einer Strömung, an der sich die abendländische Aristokratie vielleicht schon gleich nach der Rückkehr aus dem Heiligen Land erfreut. In jenen Jahren beruft sich Robert von Reims nämlich auf die Heldenlieder der Vorfahren und fügt die ferne Vergangenheit der Franken zusammen. Er verleiht Urban II. die Idee, den kriegerischen Eifer der Franken anzustacheln, indem er an das Beispiel von Karl dem Großen erinnert. »Laßt Euch bewegen, laßt Euch zu männlichem Mut hinreißen, in Erinnerung an die Heldenlieder Eurer Vorfahren, an die Heldentat und die Größe des Königs Karl des Großen und seines Sohnes Ludwig, die die Königreiche der Heiden zerstört haben und die dorthin die Grenzen der heiligen Kirche vorgeschoben haben«[184]. Robert von Reims ist also der erste, der die Verbindung zwischen dem großen Ehrgeiz der Karolinger und dem neuen Höhepunkt der Kirche wagt.

Die klösterlichen Chronisten unterstützen diese neue Strömung, und das ist ihr vierter Beitrag: Sie geben ihm die Farben einer Moral, einer Ethik des Kreuzzuges, die die Raserei der Krieger einigermaßen in Mitleidenschaft gezogen hat. Sie beschreiben das Ideal, das das der folgenden Kreuzfahrer, die man erwartet, um die Reihen der Eroberer zu verstärken, sein soll: Dieses Ideal eines ritterlichen Krieges, eines regelgerechten und höfischen Krieges, denn er soll schließlich den Regeln entsprechen, die an allen Höfen der abendländischen Gesellschaften gelten, wird von Fulcher von Chartres vorgezeichnet und von seinen Nachfolgern erweitert. Die französischen und englischen Ritter eignen sich dieses Ideal in den folgenden Jahrzehnten ohne Mühe an, weil es die irdischen Hierarchien heiligt und die Männer reinigt, die im Auftrag und im Dienste des Heiligen Landes stehen, weil alles in allem der Kreuzzug in den christlichen Ländern des Westens zum ersten Mal eine religiös unbestreitbare Rechtfertigung des Krieges gegeben hat. Schließlich glätten die klösterlichen Chronisten alle Unebenheiten einer zu nahe liegenden Eschatologie, sie lösen alle ihre Gefahren auf, das ist das Einfachste von der Welt. Es genügt, wenn sie schreiben, daß der Antichrist nicht gekommen ist, daß die Welt weiterhin ihren Lauf nimmt und daß die Geschichte wundersam weitergeht. Dank der Chronisten des zweiten Schubs der Kreuzzugshistoriographie gehen die Ereignisse und die Männer des Kreuzzuges in eine universelle Legende ein: Sie bilden den Höhepunkt und das Ziel. Möglicherweise hat der Mönch Robert von Reims von all seinen Zeitgenossen am besten verstanden und gesagt, was alle zu erfahren wünschten, nämlich, daß durch den Kreuzzug von 1095–1099 alle Prophezeiungen erfüllt wurden[185].

Auf diese Weise entsteht also in den Jahren 1105–1109 eine Ideologie des Kreuzzuges. Am Beginn hatte Papst Urban die Notwendigkeit gepredigt, die

Türken in ihrer Eroberung der christlichen Gebiete zu stoppen, und er hatte vorgeschlagen, Jerusalem zurückzuerobern. Mehr nicht. Seit der Zeit des Kreuzzuges wird eine juristische Rechtfertigung vorgebracht: die Wiedergutmachung eines von den Türken gegenüber den Christen verübten Raubes. Aber das ist nur ein Alibi, kein entscheidendes Argument für das Werk der Krieger. 1099 scheren sich die militärischen Anführer nicht um Vorwände: Sie erobern die Heilige Stadt, und der Papst verlangt nichts anderes von ihnen. Deshalb mußte man im übrigen vermeiden, den kriegerischen Akt zu schnell mit dem keuschen Mantel der religiösen Rationalität zu bedecken. Der Glaube der Kreuzfahrer und ihrer ersten Schmeichler an das Ende der Zeiten und an die Leidenschaft des Blutes und der Waffen konnte die Ideologie des Kreuzzuges nicht ersetzen. Im Gegenteil, diese entsteht in Wirklichkeit mit der zweiten Gruppe der Chronisten: Sie betont eher ihren Abstand zur Gewalt, sie will die Regeln eines nun aristokratischen und heiligen Krieges diktieren. Die ritterliche Ideologie ertränkt bald das ursprüngliche Ideal des Kreuzzuges gen Jerusalem. Sie öffnet den Weg zu einem von seinem ursprünglichen Ziel befreiten Kreuzzug, der das irdische Jerusalem vergißt. Es entsteht die Idee eines Kreuzzuges der Buße, die Idee, die die Gründer der militärischen Orden des Heiligen Landes, Hospitaliter und Templer, pflegen, und die Bernhard von Clairvaux gegen 1129 in seinem »Lobpreis der neuen Heerschar« den im Heiligen Land kriegführenden Rittern vorträgt, die er zweifellos 1146 zu Ostern vor der großen Versammlung in Vezelay predigte, die den zweiten Kreuzzug einleitete. Ein spiritueller Kreuzzug hat sich allmählich an der Stelle und am Ort des militärischen Kreuzzuges festgesetzt. Man tendiert dazu, die Kunst des Krieges in den Hintergrund zu schieben.

Die Mönche und die Männer der Kirche des zweiten Viertels des 12. Jahrhunderts halten das Andenken an Roncevaux, das Rolandslied, für die Erzählung eines nicht zu Ende geführten Kreuzzuges, der nicht ordentlich durchgeführt und ohne Nutzen war, da Karl der Große, Roland und Oliver den erwarteten Sieg nicht davontragen konnten[186]. Auf diese Weise haben sie vielleicht dem Erfolg der späteren Expeditionen geschadet. Den Künstlern und Bildhauern geben sie ein dankbares Thema. Diese schöpfen aus der reichen Vorstellungswelt des 9. Jahrhunderts der Karolinger, sie schmücken sie dank der Erinnerungen an die Artussage aus, und malen das Ganze auf das nördliche Portal der Kathedrale von Modena in Italien[187]. Die Erinnerung an den ersten Kreuzzug erscheint noch immer auf zwei Kirchenfenstern, die zur Zeit des Abtes Suger von Saint-Denis geschaffen wurden, gegen 1140–1145. Aber was stellen diese Kirchenfenster dar? Die imaginäre Reise Karls des Großen und die Ein-

Paris, Bibliothèque nationale de France, lat. 4802 (gegen 1475), f° 74v°-74rbis.

Die große Weltkarte, die von Hugo von Comminelles gegen 1475 für den Herzog von Kalabrien angefertigt wurde, hat das Universum des Menschen seines traditionellen Zentrums beraubt. Jerusalem ist an seinen Platz zurückgekehrt, es ist eine Stadt unter vielen geworden, als alle Gelehrten ihre Neugier und ihre Erwartungen auf die neuen Welten richten.

nahme von Askalon, eine Legende und einen Waffengang. Aber Jerusalem ist aus dem Horizont der Italiener wie aus dem der französischen Mönche verschwunden, es ist verblichen vor der Legende eines Krieges, der sich selbst genügt. Es war niemals Gegenstand einer ritterlichen Suche. Das historische Jerusalem reiht sich unter die Gegenstände der Legende ein oder spielt nur noch gelegentlich eine Rolle und ist von geringer Bedeutung. Die Dichter, die den ersten Zyklus des Kreuzzuges in der zweiten Hälfte des 12. Jahrhunderts schaffen, verweilen länger bei Antiochia als bei der Stadt Davids und Salomos, die in Wirklichkeit nur die Stadt ist, in der Jesus sein letztes Mahl einnahm und seine Passion erlitt. Erst vom zweiten Kreuzzug an und besonders in den Jahren 1160–1170 schlagen sich die Themen dieser gesellschaftlichen Rastlosigkeit in den ersten höfischen Romanen und bei Chrétien de Troyes nieder. Die Metamorphose des Kreuzzuges zur büßenden und spirituellen Pilgerfahrt der Seele findet also ihr Ende. Die Gesellschaft der Kreuzfahrer nimmt abermals die Form an, die Papst Urban bereits vorgezeichnet hatte: eine Welt der Pilger, die auf dem Wege der Buße voranschreitet. Sie endet schnell in der Rekonstruktion eines mythischen Jerusalems, eines unmöglichen und uneinnehmbaren Jerusalems, das von seinen irdischen Banden befreit ist. Ein insgesamt mythisches Jerusalem, das von nun an die Träumereien der geistlichen Frauen und Männer beherrscht.

Die Einnahme von Jerusalem 1099 hatte bewiesen, daß die Menschen die Pfade der Geschichte bezwingen und umformen konnten, aber es gelang ihnen nicht, die Geschichte bis zu ihrem angekündigten Ende zu führen. Das Scheitern der Kreuzzüge hatte zur Folge, daß die Menschen des Abendlandes, seine Anführer und Denker dazu gezwungen wurden, einen rationalen Geschichtsablauf zu schaffen und eine natürliche und menschliche Geschichte zu begründen, die ein eigenes Wesen hat, weit weg ist von den Obsessionen des Endes der Zeiten und den Träumen vom Chiliasmus. Im Ganzen betrachtet taucht in der Bewegung der Loslösung von der Realität, die von dem zweiten Schub der Schriften über den Kreuzzug initiiert wurde, die Möglichkeit einer neuen abendländischen Vorstellungswelt auf. Denn weil Jerusalem seine Anziehungskraft verloren hatte, mußten, losgelöst von allen realen Wurzeln, andere Eroberungen erfunden werden. Andere konnten später in glorreichen, heftigen, wilden, kurzen und unnützen Zuckungen versuchen, Jerusalem an anderen Orten als dem besetzten Palästina endlich vom Himmel auf die Erde herabsteigen zu lassen. So im Florenz eines Fra Savonarola während der Jahre 1495–1498 und dann gegen 1523–1524 in dem von den Truppen des Reformators Thomas Müntzer eingeschlossenen Münster. Die eine wie die andere Stadt stellte sich als das neue Jerusalem dar. Das historische Jerusalem war nur noch mit einem von der ottomanischen Macht ausgestellten Passierschein zu erreichen. So verlosch der Traum von Jerusalem. Und die Utopie wurde geboren. Ist hinlänglich bekannt, daß es keine Utopie in der mittelalterlichen Literatur gibt? Sagt man hinreichend oft, daß Rabelais, Thomas More, Tommaso Campanella sich erst erheben, als die letzten Träumer des Kreuzzuges tot sind? Sicherlich gelangt man am Ende des 19. Jahrhunderts in den Kreisen um Theodor Herzl wieder an die Oberfläche der Geschichte. Eine Utopie? Sie wird 1948 wiederhergestellt, aber, wie man weiß, in gutem Abstand zum historischen Jerusalem. Die letzten Jahre des 20. Jahrhunderts zeigen die Wiedereingliederung des realen Jerusalem in den hebräischen Staat. Wer hört da nicht das Echo einer weit zurückliegenden Zeit, eine von anderen übernommene Erinnerung an den ersten Kreuzzug? Und mit welchem Ausgang, denn Geschichte wiederholt sich niemals? Ist es, weil Jerusalem heute seinen Nimbus eingebüßt hat, daß die Utopie verblaßt und still aus unserer mentalen Welt verschwindet?

Anhang

QUELLEN

Vier direkte Zeugen haben ihre Version des ersten Kreuzzuges nieder-
geschrieben:

GFr – Der anonyme Ritter der *Gesta Francorum,* gegen 1100–1101:
Histoire anonyme de la première croisade, hg. v. L. Bréhier, Paris 1924
(Classiques de l'histoire de France au Moyen Âge, 4), und *Anonymi Gesta
Francorum et aliorum Hierosolymitanorum,* hg. v. H. Hagenmeyer, Heidel-
berg 1890 (»Tudebodus abbreviatus« des *Recueil des historiens des croisades.
Historiens occidentaux [RHC, H. Occ.],* III, Paris (Imprimerie impériale)
1866, S. 121–163). Dieser aus Süditalien stammende Ritter zeigt eine
eindeutige Parteinahme für die normannischen Fürsten. Er präsentiert
Bohemund als den eigentlichen Anführer des Kreuzzuges. Man kennt
drei Überarbeitungen des Werkes, aber die zweite hat allen späteren
Chronisten als Grundlage gedient.

RA – Raimund von Aguilers schreibt zwischen 1099 und 1105
eine »Geschichte der Franken, die Jerusalem eroberten«: Le »Liber« de
Raymond d'Aguilers, hg. v. John H. und Laurita L. Hill, Paris 1969, oder
in: RHC, H. Occ., III, S. 235–305. Als Kaplan des Grafen Raimund
IV. von Saint-Gilles und Toulouse, spricht Raimund fast nur von der
Armee, die von seinem Herrn befehligt wird; er ist die hauptsächliche
Quelle für den südfranzösischen Kreuzzug. Er beginnt seine Erzäh-
lung mit der Durchquerung des Balkans.

PTu – Petrus Tudebodus, zweifellos ein Priester aus Civray
(Haute-Vienne), schreibt die ursprüngliche Fassung einer »Geschichte
der Expedition nach Jerusalem« gleich nach dem normannischen Ritter. Er schreibt davon eine neue Fassung, möglicherweise in Jerusalem
vor 1111: *Petrus Tudebodus, Historia de hierosolymitano itinere,* hg. v. J. H.
und L. L. Hill, Paris 1977, aber man wird eher die beiden Versionen
konsultieren, die im RHC, H. Occ., III, S. 9–117, publiziert sind.

FC – Fulcher von Chartres: *Historia hierosolymitana (1095–1127),*
hg. v. H. Hagenmeyer, Heidelberg 1913, oder in: RHC, H. Occ., III, S.
319–370. Fulcher ist 1096 mit der Armee des Grafen Stephan von
Blois und des Herzogs Robert der Normandie losgezogen. 1097 ist er
als Kaplan in den Dienst von Balduin von Boulogne eingetreten, dem
Bruder und Nachfolger von Gottfried von Bouillon. Nach 1100
scheint er zum Prior des Ölberges aufgestiegen zu sein. Er ist die
hauptsächliche Quelle für den Kreuzzug der Flamen und der Nord-
franzosen. Er beginnt seine Arbeit im Jahr 1100 (Cowdrey 1995),
beendet eine erste Fassung gegen 1105, sicherlich vor 1108–1109,
greift zwischen 1114 und 1118 wieder zur Feder, und beendet seine
Arbeit zwischen 1124 und 1127.

Dann vier Autoren, die nicht am Kreuzzug teilgenommen haben:

RC – Radulf von Caen (gegen 1180 – nach 1131): *Gesta
Tancredi,* in: RHC, H. Occ., III, S. 603–716. Radulf ist ein gebildeter
Ritter des Herzogs der Normandie, Robert. Er widmet sein Werk
1112 seinem alten Meister in Caen, Arnulf, der als Kaplan des
Herzogs der Normandie, Robert Kurzhose, ins Heilige Land gekommen ist und dann zum Patriarchen von Jerusalem gewählt wurde. Er
selbst geht in den Dienst von Tankred. Er ist den Südfranzosen
gegenüber sehr feindselig und insbesondere gegenüber Raimund von
Saint-Gilles.

RM – Robert von Saint-Remi in Reims, oder »der Mönch«:
Historia hierosolymitana, in: RHC, H. Occ., III, S. 721–882. Robert, der
1096 zum Abt von Saint-Remi in Reims gewählt wird, wird im folgenden Jahr auf dem Reformkonzil, das in Reims selbst unter dem
Vorsitz des päpstlichen Legaten stattfindet, abgesetzt. Er ist zweifellos
ein Anhänger von Balderich von Bourgueil; er folgt den *Gesta Francorum* und beendet sein Werk 1107, möglicherweise zurückgezogen in
seiner Priorei in Saint-Oricole.

BB – Balderich von Bourgueil (1045–1130): *Historia hierosolymitana,* in: RHC, H. Occ., III, S. 1–111. Balderich, gegen 1080–1082 Abt von Saint-Pierre in Bourgueil, ein berühmter Dichter, erklimmt die höchsten Grade der kirchlichen Hierarchie möglicherweise durch Simonie [Kauf von kirchlichen Ämtern]; 1098 scheitert er daran, den Bischofssitz von Orleans zu übernehmen, aber er wird 1107 Erzbischof von Dol, von wo er 1120 ausgewiesen wird. 1108, zu Beginn seines erzbischöflichen Amtes in Dol, schreibt er seine Erzählung des ersten Kreuzzuges, eine Überarbeitung des normannischen Ritters.

GN – Guibert von Nogent (gegen 1053–1124): *Gesta Dei per Francos,* hg. v. R. B. C. Huygens, Turnhout 1996 *(CCCM, 127A).* Guibert benutzt als hauptsächliche Quelle den Anonymus der *Gesta Francorum,* den er durch die Lektüre der ersten Version von Fulcher von Chartres und die von Veteranen gesammelten Informationen vervollständigt; er beendet seine Gesta 1108–1109.

CHRONOLOGIE DES ERSTEN KREUZZUGES

878   Johannes VIII. erläßt eine Bulle, die die christlichen Krieger aufruft, die Heimat des Heiligen Petrus zu verteidigen, die von den Sarazenen bedroht wird.

974   Johannes I. Tzimiskes schreibt an den König von Armenien: »Es ist unser Wunsch, das Heilige Grab von den muselmanischen Schmähungen zu befreien.« Im folgenden Jahr gewinnt er einen Teil von Palästina zurück, nicht aber Jerusalem.

1006   Der Kalif al-Hakim (ein Fatimide schiitischen Glaubens, 996–1021) befiehlt die Zerstörung der Grabeskirche von Jerusalem. Er läßt die Christen in Südsyrien und Palästina verfolgen.

1009–1010 Papst Sergius IV. soll eine Enzyklika erlassen haben, die die christlichen Fürsten zur Wiedereinnahme Jerusalems auffordert.

1027   Der fatimidische Kalif schließt mit Konstantin VIII. ein Abkommen (erneuert 1036) über den Wiederaufbau der Grabeskirche.

1053   Papst Leo IX. erklärt die Toten seiner Armee, die in Città von den normannischen Kriegern des Robert Guiskard vernichtend geschlagen wurden, zu »Märtyrern Christi«.

1055   Bagdad fällt in die Hände der seldschukischen Türken, der Sunniten.

1072   Die Armee des Basileus Romanos Diogenes wird bei Mantzikert durch die Türken geschlagen.

1076–1077 Der Türke Atsiz befreit Jerusalem von den Fatimiden.

1077   Jerusalem erhebt sich gegen die türkischen Besatzer; Atzis läßt die Aufrührer ermorden, die sich in der Moschee al-Aksa verbarrikadiert hatten.

1084   Antiochia wird den Byzantinern durch die Türken des Suleiman von Nikäa genommen.

1086   Alexios Komnenos soll an den Grafen von Flandern, Robert, geschrieben haben, um ihn um Hilfe zu bitten.

1095   März: Konzil von Piacenza.

       Juli: Beginn der Predigtreihe von Urban II.

       27. November: Ausrufung des ersten Kreuzzuges.

       Dezember: Nach einer Plünderung der jüdischen Häuser in Rouen begehen die Kreuzfahrer die ersten Pogrome bei ihrem Durchzug durch das Deutsche Reich, in Speyer, Worms, Mainz, Köln, Prag und Regensburg bis zum Juli 1096.

1096   24. Mai: Der Papst wird in Toulouse von Graf Raimund empfangen.

1096–1097 Ankunft der zweiten Gruppe der Kreuzfahrer in Konstantinopel.

1097   1. Juli: Schlacht von Doryläum.

       September: Balduin von Boulogne nimmt Tarsus ein.

       21. Oktober – 3. Juni 1098: Belagerung Antiochias durch die Kreuzfahrer.

1098   10. März: Balduin von Boulogne nimmt Edessa ein.

       5. – 27. Juni: Die Kreuzfahrer werden ihrerseits in Antiochia belagert.

       28. Juni: Schlacht von Antiochia.

1099   13. Januar: Raimund von Saint-Gilles bricht von Antiochia auf.

       7. Juni: Jerusalem wird eingeschlossen.

       13. Juni: Erster Angriff auf Jerusalem.

       15. Juli: Die Kreuzfahrer nehmen die Heilige Stadt ein.

       16. Juli: Massaker an den Moslems, die sich auf das Dach des Tempels geflüchtet haben.

       17. Juli: Die Führer des Kreuzzuges einigen sich über die Prinzipien der Wahl eines Anführers, der »über die anderen regieren wird und die Stadt leitet«.

       22. Juli: Gottfried von Bouillon wird zum König von Jerusalem gewählt; er verweigert die Krone und nimmt den Titel »Verteidiger des Heiligen Grabes« (»Advocatus Sancti Sepulchri«) an.

       12. August: Sieg der Kreuzfahrer bei Askalon.

1101   August–September: Eine Verstärkungsarmee wird von den Türken in Kleinasien vernichtet.

       25. Dezember: Balduin von Boulogne wird in der Geburtskirche in Bethlehem zum König von Jerusalem gekrönt, nicht in Jerusalem selbst.

1187   2. Oktober: Jerusalem wird von Saladin zurückerobert.

Der 1. Kreuzzug

0   500 km

Köln
Mainz
Regensburg
Wien
Buda
Clermont
Toulouse
Belgrad
Rom
Durazzo
Bari
Konstantinopel
Nikäa
Doryläum
Cäsarea
Edessa
Ikonium
Antiochia
Tripolis
Damaskus
Akkon
Jerusalem
Kairo

— Gemeinsame Route
— Route von Gottfried von Bouillon u. Robert von Flandern
— Route der Grafen von Vermadois, Blois und der Normandie
— Route der Kreuzritter aus Südfrankreich
--- Route der Kreuzritter aus dem italienischen Normannenreich

AUSWAHLBIBLIOGRAPHIE

Beck, Hans G., Die byzantinische Kirche im Zeitalter der Kreuzzüge, in: Handbuch der Kirchengeschichte, hg. v. Hubert Jedin, Bd. V–2; Freiburg 1968.

Beck, Marcel, Alexios Komnenos zwischen Türken und Normannen, in: Legende, Mythos, Geschichte: die Schweiz und das europäische Mittelalter, Frauenfeld 1978, S. 74–84.

Beumann, Helmut, Heidenmission und Kreuzzugsgedanke in der deutschen Ostpolitik des Mittelalters, Darmstadt 1963 (Wege der Forschung, 6).

Boase, Thomas S. R., Ecclesiastical Art in the Crusader States in Palestine and Syria: A. Architecture and Sculpture; B. Mosaic, Painting, and Minor Arts, in: History of the Crusades, Bd. IV, Madison, Wisconsin 1977, S. 69–139.

Buisson, Ludwig, Erobererrecht, Vasallität und byzantinisches Staatsrecht auf dem ersten Kreuzzug, Hamburg 1985 (Berichte aus den Sitzungen der Joachim-Jungius-Gesellschaft der Wissenschaften, 2. Nr. 7).

Bulst-Thiele, Marie L., Die Mosaiken der Auferstehungskirche in Jerusalem und die Bauten der Franken im 12. Jahrhundert, in: Frühmittelalterliche Studien, XIII, 1979, S. 442–471.

Busse, Heribert, Vom Felsendom zum Templum Domini, in: Das Heilige Land im Mittelalter, hg. v. Wolfdietrich Fischer und Jürgen Schneider, Neustadt an der Aisch 1982, S. 19–32.

Chazan, Robert, European Jewry and the First Crusade, Berkeley 1987.

Cole, Penny J., The Preaching of the Crusades to the Holy Land, 1095–1270, Cambridge, Mass. 1991.

La Conquête de Jérusalem, faisant suite à la Chanson d'Antioche composée par le Pèlerin Richard et renouvelée par Graindor de Douai au XIIIe siècle, hg. v. Célestin Hippeau, Genf 1969.

Le Consile de Clermont de 1095 et l'appel à la croisade, Rom 1997 [Collection de l'École française de Rome, 236].

Conrad, Hermann E. J., Gottesfrieden und Heeresverfassung in der Zeit der Kreuzzüge: Ein Beitrag zur Geschichte des Heeresstrafrechts im Mittelalter, in: Zeitschrift der Savigny-Stiftung für Rechtsgeschichte, Germanistische Abt., LXI, 1941, S. 71–126.

Cowdrey, Herbert E. J., Martyrdom and the First Crusade, in: Crusade and Settlement, hg. v. Peter W. Edbury, Cardiff 1985, S. 46–56.

Cowdrey, Herbert, Pope Urban II and the Idea of Crusade, in: Studi medievali 36, 1995, S. 721–742.

Les Croisades. L'Orient et l'Occident d'Urbain II à Saint Louis, 1096–1270 (Ausstellungskatalog, Toulouse, Jacobins, 16. Mai–1. August 1997), Milano 1997.

David, Charles W., Robert Curthose, Duke of Normandy, Cambridge, Mass. 1920, (Harvard Historical Studies, 25), Repr. New York 1980.

Delbrück, Hans, Geschichte der Kriegskunst im Rahmen der politischen Geschichte: 3. Das Mittelalter, Berlin ²1923.

Dickerhof, Harald, Über die Staatsgründungen des ersten Kreuzzuges, in: Historisches Jahrbuch, C, 1980, S. 95–130.

Erbstösser, Martin, Die Kreuzzüge: eine Kulturgeschichte, Leipzig ²1980.

Erdmann, Carl, Die Entstehung des Kreuzzugsgedankens, Stuttgart 1935 (Forschungen zur Kirchen- und Geistesgeschichte, 6).

Flori, Jean, La Première Croisade. L'Occident chrétien contre l'Islam. (Aux origines des idéologies occidentales), Paris 1992.

Folda, Jaroslav, The Art of the Crusaders in the Holy Land, 1098–1187, Cambridge 1995.

France, John, Victory in the East. A Military History of the First Crusade, Cambridge 1994.

Gabrieli, Francesco, Chroniques arabes des croisades. Textes recueillis et présentés, trad. de l'italien par Viviana Pâques, Paris 1977.

Geanakoplos, Deno J., Byzantine East and Latin West: Two Worlds of Christendom in Middle Ages and Renaissance, New York, Oxford 1966 (Studies in Ecclesiastical and Cultural History).

Gottlob, Adolf, Kreuzablaß und Almosenablaß: Eine Studie über die Frühzeit des Ablaßwesens, Stuttgart 1906 (Kirchenrechtliche Abhandlungen, 30–31).

Grigulevic, J. R., Hexen – Ketzer – Inquisitoren, hg. v. Fritz Erik Hoevels, Freiburg i. Br. 1995.

Hagenmeyer, Heinrich, Epistulae et chartae ... Die Kreuzzugsbriefe aus den Jahren 1088–1100, Innsbruck 1901.

Hartmann, Richard, Der Felsendom in Jerusalem und seine Geschichte, Straßburg 1906 (Zur Kunstgeschichte des Auslands, 69).

Hehl, Ernst-Dieter, Kirche und Krieg im 12. Jahrhundert. Studien zu kanonischem Recht und politischer Wirklichkeit, Stuttgart 1980 [Monographien zur Geschichte des Mittelalters, 19].

Hehl, Ernst-Dieter, Was ist eigentlich ein Kreuzzug? in: Historische Zeitschrift 259, 1994, S. 297–336.

Hellenkemper, Hansgerd, Burgen der Kreuzritterzeit in der Grafschaft Edessa und im Königreich Kleinarmenien, Bonn 1976 (Geographica historica, 1).

A History of the Crusades, hg. v. Kenneth M. Setton, 6 Bde., 1955–1989.

Holt, Peter M., The Age of the Crusades: the Near East from the eleventh century to 1517, 1986.

Hölzle, Peter, Die Kreuzzüge in der occitanischen und deutschen Lyrik des 12. Jahrhunderts, 2 Bde. Göppingen 1980 (Göppinger Arbeiten zur Germanistik, 278).

The Jews and the Crusaders. The Hebrew Chronicles of the First and Second Crusades, hg. v. Shlomo Eidelberg, Madison 1977.

Juden und Christen zur Zeit der Kreuzzüge, hg. v. Alfred Haverkamp, Sigmaringen 1998 (Vorträge und Forschungen, XLVII).

Lilie, Ralph-Johannes, Byzanz und die Kreuzfahrerstaaten: Studien zur Politik des byzantinischen Reiches gegenüber den Staaten der Kreuzfahrer in Syrien und Palästina bis zum Vierten Kreuzzug (1096–1204), München 1981 (Poikila byzantina, 1).

Lobrichon, Guy, Les courants spirituels dans la chrétienté occidentale à l'aube du concile de Plaisance, in: Il Concilio di Piacenza e le Crociate, Piacenza 1996 [Collana delle Fondazione Cassa die Risparmio di Piacenza].

Mähl, Sibylle, Jerusalem in mittelalterlicher Sicht, in: Die Welt als Geschichte 22 (1962), S. 11–26.

Mayer, Hans Eberhard, Bibliographie zur Geschichte der Kreuzzüge, 1960, 2., unveränderte Auflage 1965.

Mayer, Hans Eberhard, Geschichte der Kreuzzüge, Stuttgart, Berlin, Köln, 8. verb. u. erw. Aufl. 1995.

Mayer, Hans Eberhard, Die Kanzlei der lateinischen Könige von Jerusalem, Hannover 1996 [Monumenta Germaniae Historica, Schriften, 40].

Mayer, Hans Eberhard, Kreuzzüge und lateinischer Osten, London 1983 (Varior. Repr., CS, 171).

Mayer, Hans Eberhard, Literaturbericht über die Geschichte der Kreuzzüge 1958–1967, in: Historische Zeitschrift, Sonderheft 3 (1969), S. 642ff..

Mayer, Hans Eberhard, Joyce McLellan, Select Bibliography of the Crusades, in: Kenneth M. Setton (Hg.), A History of the Crusades VI, Madison, Wisconsin 1989, S. 511–658.

Munro, Dana C., The Speech of Pope Urban II at Clermont, 1095, in: American Historical Review, 11 (1906), S. 231–242.

Nicolle, David C., Arms and Armour of the Crusading Era, 1050–1350, 2 Bde., New York 1988.

Noth, Albrecht, Heiliger Krieg und heiliger Kampf in Islam und Christentum: Beiträge zur Vorgeschichte und Geschichte der Kreuzzüge, Bonn 1966 (Bonner historische Forschungen, 28).

Ohnsorge, Werner, Abendland und Byzanz: Gesammelte Aufsätze zur Geschichte der byzantinisch-abendländischen Beziehungen und des Kaisertums, Darmstadt 1958.

Outremer – Studies in the History of the Crusading Kingdom of Jerusalem Presented to Joshua Prawer, hg. v. Benjamin Kedar, Hans E. Mayer, Raymond C. Smail, Jerusalem 1982.

The Oxford Illustrated History of the Crusades, hg. v. Jonathan Riley-Smith, Oxford, New York 1995.

Prawer, Joshua, The Latin Kingdom of Jerusalem. European colonialism in the Middle Ages, 2 Bde., London 1972; auch veröff. als The Crusaders' Kingdom, New York 1972.

Pryor, John H., The Oaths of the Leaders of the First Crusade to Emperor Alexius I Comnenus, in: Parergon: Bulletin of the Australien and New Zealand Association for Medieval and Renaissance Studies, n. s. II (1984), S. 111–141.

Richard, Jean, Histoire des croisades, Paris 1996.

Riley-Smith, Jonathan, The Atlas of the Crusades, New York, Oxford 1991. Deutsche Ausgabe: Großer Bildatlas der Kreuzzüge, 1992.

Riley-Smith, Jonathan, The First Crusade and the Idea of Crusading, London 1986.

Riley-Smith, Jonathan, The Crusades. A Short History, London 1987.

Röhricht, Reinhold, Die Deutschen im Heiligen Lande: Ein chronologisches Verzeichnis derjenigen Deutschen, welche als Jerusalempilger und Kreuzfahrer sicher nachzuweisen oder wahrscheinlich anzusehen sind (ca. 650–1291), Innsbruck, 1894.

Röhricht, Reinhold, Geschichte des Königreichs Jerusalem 1100 bis 1291, Innsbruck, 1898, Repr. Amsterdam 1967.

Runciman, Steven, Geschichte der Kreuzzüge, 3 Bde., München 1957–1960 (St. Runciman, A History of the Crusades. 3 Bde., Cambridge 1951–1954).

Schöber, Susanne, Die altfranzösische Kreuzzugslyrik des 12. Jahrhunderts, Wien 1976 (Diss. der Universität Salzburg, 7).

Schwerin, Ursula, Die Aufrufe der Päpste zur Befreiung des Heiligen Landes von den Anfängen bis zum Ausgang Innozenz IV: Ein Beitrag zur Geschichte der kurialen Kreuzzugspropaganda und der päpstlichen Epistolographie, Berlin 1937 (Historische Studien, 301).

Schwinges, Rainer Christoph, Die Kreuzzugsbewegung, in: Handbuch zur europäischen Geschichte, Bd. 2: Europa im Hoch- und Spätmittelalter, S. 181–198.

Siberry, Elizabeth, Criticism of Crusading, 1095–1274, New York, Oxford 1985.

Spreckelmeyer, Goswin, Das Kreuzzugslied des lateinischen Mittelalters, München 1974 (Münstersche Mittelalter-Schriften, 21).

Starr, Joshua, The Jews in the Byzantine Empire, 641–1204, Athen 1939 (Texte und Forschungen zur byzantinisch-neugriechischen Philologie, 30).

Sybel, Heinrich von, Geschichte des ersten Kreuzzuges, Leipzig ²1881.

Toleranz im Mittelalter, hg. v. Alexander Patschovsky und Harald Zimmermann, Sigmaringen 1988 (Vorträge und Forschungen, XLV).

Tyerman, Christopher L., England and the Crusades, 1095–1588, Chicago 1988.

Waeger, G., Gottfried von Bouillon in der Historiographie, 1969.

Wentzlaff-Eggebert, Friedrich, Kreuzzugsdichtung des Mittelalters: Studien zu ihrer geschichtlichen und dichterischen Wirklichkeit, Berlin 1960.

Wisniewski, Roswitha, Kreuzzugsdichtung: Idealität in der Wirklichkeit, Darmstadt 1984 (Impulse der Forschung, 44).

Wollschläger, Hans, Die bewaffneten Wallfahrten gen Jerusalem. Geschichte der Kreuzzüge, Zürich 1973.

Zerner, Monique, Le comte de Toulouse Raimond IV, chef de peuple, in: Genèse de l'État moderne en Méditerranée. Actes des tables rondes internationales tenues à Paris (September 1987 und März 1988), Rom 1993, S. 45–60.

Zbinden, Nicolas, Abendländische Ritter, Griechen und Türken im ersten Kreuzzug (Zur Problematik ihrer Begegnung), Athen 1975 (Texte und Forschungen zur byzantinisch-neugriechischen Philologie, 48).

ANMERKUNGEN

1. Paul Diacre, Histoire des Lombards, IV, 36 in: Monumenta Germaniae Historica [MGH], Usum Scholarum, hg. v. Waitz, Hannover (Hahn) 1878, S. 161.

2. Frédégaire, IV, 11 in: MGH, Script. Rerum Merov., hg. v. Krusch, Hannover (Hahn) 1888, S. 127.

3. Vita s. Vulphagii, in: Acta Sanctorum [AASS], Junii, II, Antwerpen (Thieullier) 1698, S. 31b, am 7. Juni.

4. Annales Altahenses maiores in: MGH, Scriptores, XX, hg. v. Giesebrecht-Von Oefele, Hannover (Hahn) 1868, S. 815–816.

5. Hagenmeyer 1901, Nr. XVIII, S. 167–174

6. Vgl. D. Munro, J. Riley-Smith, J. Flori, und H. Cowdrey.

7. R. Somerville, The Councils of Urban II, Bd. I: Decreta Claromontensia, Amsterdam 1972, S. 74.

8. *FC*, I, 1, S. 321bc.

9. *FC*, I, 3, S. 323e–324e.

10. Hagenmeyer 1901, Nr. II, S. 136–137.

11. Benoît von Sainte-Maure, Chronique des ducs de Normandie, V. 42489–42491, Bd. II, hg. v. Carin Fahlin, Uppsala: Almquist & Wiksells 1954, S. 584–585 (Benoît schreibt zwischen 1173 und 1185).

12. Chroniques des comtes d'Anjou et des seigneurs d'Amboise, hg. v. L. Halphen und R. Poupardin, Paris (Picard) 1913, S. 237–238.

13. Zwei Hinweise von 1096, in: Premier et second livre des Cartulaires de l'abbaye Saint-Serge et Saint-Bach d'Angers (XIᵉ et XIIᵉ siècles), hg. v. Yves Chauvin, Angers: Presses de l'université d'Angers 1997, Nr. 156, S. 140 und Nr. 323, S. 265.

14. J. Riley-Smith, in: Les Croisades, S. 130.

15. Vgl. Guy Lobrichon, »Les courants spirituels …«, S. 39–49. Jean Richard läßt die Idee eines Krieges gegen den Islam nicht zu (Histoire des croisades, S. 35).

16. Vgl. P. Lemerle, Cinq études sur le XIᵉ siècle byzantin, Paris 1977, S. 134.

17. *GFr*, c. 20, S. 100; *PTu*, S. 54.

18. *GFr*, c. 1, S. 2–4.
19. Hagenmeyer 1901, Nr. IX, S. 148.
20. *GFr*, c. 1, S. 4; *PTu*, S. 10.
21. *GFr*, c. 2, S. 10; *PTu*, S. 13.
22. *FC*, I, 8, S. 330bc.
23. *GFr*, c. 8, S. 42.
24. *GFr*, c. 18, S. 90.
25. Hagenmeyer 1901: Nr.VI, S. 142.
26. Paris, BNF, lat. 8865.
27. *GFr*, c. 31, S. 166; *PTu*, S. 86.
28. *FC*, I, 6: S. 327a.
29. Bernardo Marangone, in: MGH, Scriptores XIX, hg. v. Pertz, Hannover (Hahn) 1866, S. 239.
30. RHC, H. Occ.,V, S. 253 f.
31. *FC*, I, 7, S. 329b.
32. *FC*, I, 5, S. 326.
33. Frederick Duncalf, in: A History of the Crusades, 1955, S. 226.
34. Hagenmeyer 1901, Nr. I, S. 132.
35. Richard, Histoire, S. 161.
36. Hagenmeyer 1901, Nr. IX, S. 148.
37. *RM*, II, 20, S. 751.
38. Anselm, Brief I: Hagenmeyer 1901, Nr.VIII, S. 145–146.
39. *RA*, S. 259e.
40. Mater nostra spiritualis ecclesia: Hagenmeyer 1901, Nr. IX, S. 48.
41. Hagenmeyer 1901, Nr. IX, S. 148, und Nr. XII, S. 155.
42. *FC*, I, 6, S. 328g.
43. *FC*, I, 6, S. 327a.
44. *FC*, III, 6, S. 328b, eine wage Erinnerung von Off. 7, 9 und hier vor allem von Off. 14, 6, der die um das Lamm versammelte Menge auf dem Berg Zion beschreibt.Wilhelm von Tyrus nimmt das Bild wieder auf, um die Armee Peters des Eremiten zu beschreiben: I, 19, l.3–5, S. 143.
45. *FC*, I, 13, S. 335–336.
46. *GFr*, c. 2, S. 4.
47. *FC*, I, 7, S. 329a.
48. *GFr*, c. 3, S. 12.
49. *FC*, I, 6, S. 327e–328a.
50. C. Gaier, La valeur militaire des armées de la première croisade, in: Les Croisades, S. 184.
51. *FC*, I, 7, S. 329a. Der Truppe von Robert und Stephan schließt sich eine Gruppe von Flamen an.
52. C. Gaier, a. a. O., S. 185.
53. *FC*, I, 6 und I, 9, S. 328c, 332c.Wieder aufgenommen von Willelmi Tyrensis archiepiscopi Chronicon, I, 17, hg. v. R. B. C. Huygens,Turnhout (Brepols) 1986 (CCCM, 63), S. 139.
54. *FC*, I, 6, S. 328g.
55. Nulla anxietas, nullus dolor defuit populo Dei (*FC*, I, 33, S. 365f).
56. *FC*, I, 8, S. 330d.
57. *FC*, I, 7, S. 329c.
58. *FC*, I, 9, S. 332ab.
59. *RA*, S. 236.
60. *RA*, S. 262c.
61. Ibn al-Athir, in: Gabrieli, S. 26–27.
62. *RA*, S. 292c.
63. *RA*, S. 277e. Raimund ist der einzige der vier direkten Zeugen, der von dem Angebot des Wesirs erzählt.
64. *GFr*, c. 28, S. 146–151; *RA*, S. 259.
65. *RC*, 664e; Willelmi Tyrensis archiepiscopi Chronicon, VI, 15, S. 327.
66. *FC*, I, 21, S. 347.
67. G. Duby, Guerriers et Paysans, abgedr. in: Duby, G., Féodalité, Paris (Gallimard) 1997, S. 167.
68. »Tam vi quam ingenio« (FC, I, 14, S. 337e).
69. Paris, BNF, lat. 12302, f° 1r°: vgl. P. Stirnemann, L'illustration du commentaire d'Haymon sur Ezéchiel, in: L'École carolingienne d'Auxerre, Paris (Beauchesne) 1991, S. 94.
70. Ibn al-Athir, X, 193–195, in: Gabrieli, S. 33.
71. *RA*, S. 297ef; *GFr*, c. 38, S. 200.
72. *FC*, I, 15, S. 339f.
73. *RM*,VI, 2, S. 805d.
74. Ebd.
75. *RM*,V, 2, S. 792b.
76. *FC*, I, 17, S. 343c.
77. *RA*, S. 292e.
78. Brief der Anführer der Kreuzfahrerarmee, abgeschickt aus dem Lager vor Antiochia an die Getreuen Christi im April 1098: Hagenmeyer 1901, Nr. XII, S. 154.
79. Brief II von Stephan von Blois an die Gräfin Adele: Hagenmeyer 1901, Nr. X, S. 149.
80. Ebd., S. 149–150.
81. *RA*, S. 285c.
82. *RA*, S. 259eg.
83. *GFr*, c. 29, S. 152; *RA*, S. 260e.
84. *RA*, S. 260g.
85. *RA*, S. 274, 284c.
86. Hagenmeyer 1901; Nr. XII, S. 154.
87. Hagenmeyer 1901, Nr. X, S. 152.
88. Hieronym. Epist. 109, 3.
89. *RM*, IV, 3, S. 777a, zu vergleichen mit Bartolf von Nangis, c.11, in: RHC, H. Occ., III, S. 498b.
90. *FC*, S. 349.
91. *RA*, S. 251f.
92. *RA*, S. 285g.
93. *RM*, VII, 24, S. 840.
94. *RA*, S. 270b.

95. *RA*, S. 276c.

96. *GFr*, c. 33, S. 178; *RA*, S. 271; *FC*, I, 24, S. 352; *RC*, S. 675.

97. *RA*, S. 271gj.

98. *RA*, S. 288be.

99. *RA*, S. 251a.

100. Für Jean Flori wäre Firoûz so ein Armenier, der zum Islam konvertiert ist. (S. 251, Nr. 9).

101. *RA*, S. 253a.

102. *RA*, S. 268b.

103. *FC*, I, 13, S. 336; vgl. Ac 2.

104. Guibert von Nogent, Gesta Dei, I: zitiert nach G. Duby, Les Trois Ordres, in: Féodalité, S. 683.

105. Gewöhnliche Glosse über Sprüche 30, 27.

106. The Jews and the Crusaders, S. 21–22. Rabbi Eliezer bar Nathan von Mainz nimmt zu Beginn seiner Chronik der »Verfolgungen von 1096« die gleichen Ausdrücke auf (a. a. O., S. 73).

107. *GFr*, c. 17, S. 84.

108. Lc 9, 223. Vgl. *PTu*, Vorw. des Buches I, S. 9.

109. *RA*, S. 272c.

110. *RA*, S. 238b.

111. *RA*, S. 273.

112. *GN*, Vorw. VI, S. 233.

113. *GFr*, c. 11–12, S. 64–66.

114. Der Normanne schließt jeden Teil seiner »Gesta der Franken« mit einer Doxologie und einem »so sei es«: Seine Erzählung scheint dadurch aufgebaut wie eine Folge von Lesungen, die für einen liturgischen Gottesdienst gedacht sind. Petrus Tudebodus macht das Gleiche mit den vierzehn Teilen seiner ersten Version; von drei Doxologien auf Christus, der jetzt regiert, reserviert er zwei für die Belagerung und den Fall Antiochias, und eine am Ende für die Schlacht von Askalon.

115. *RA*, S. 261g.

116. *GFr*, c. 24, S. 128 f; *PTu*, S. 68f; *RA*, S. 255 und S. 286.

117. *RA*, S. 253–257; *PTu*, S. 73; *RM*, VII, 1–2, S. 821–823.

118. *RA*, S. 254bc.

119. *RA*, S. 257e.

120. *RA*, S. 263–264.

121. *FC*, I, 18, S. 344–345; *RC*, S. 676–678; Bartolf von Nangis, in: RHC, H. Occ., III, c. 26, S. 507.

122. Ibn al-Athir, in: Gabrieli, S. 19.

123. *GN*, V, 19, S. 221–222, VI, 19, S. 262–263, und VII, 34, S. 332–333.

124. Willelmi Tyrensis archiepiscopi Chronicon, VII, 18, S. 366–367.

125. *GFr*, c. 12, S. 70.

126. *GFr*, c. 31, S. 170.

127. *RA*, S. 270hj.

128. *GFr*, c. 18, S. 96, und c. 33, S. 178; *PTu*, S. 51.

129. *GFr*, c. 8, S. 38 schon seit der Belagerung von Nikäa; des weiteren bei *RM*, IV, 3, 777a, während der Belagerung von Antiochia.

130. *FC*, I, 10, c., S. 333e, schreibt den Türken die Idee zu, Leichname zu werfen; desgleichen ist der brutale Raub der von den Türken verschluckten Besanten [byzantinische Münze] für Fulcher eine Tat der kleinen Leute in der Armee (c. 28, S. 359e).

131. Bartolf von Nangis, in: RHC, H. Occ., III, c. 37, S. 516cd. Der Spötter Radulf von Caen sagt sehr viel Schlimmeres über die Gier und die Schuld der Provenzalen: c. 61, S. 651.

132. *RA*, S. 256 und 282b.

133. *RA*, S. 281 und 283–288.

134. *GFr*, c. 27, S. 142–144; *PTu*, S. 75.

135. *RA*, S. 257.

136. *RA*, S. 260e.

137. *RA*, S. 260h.

138. *GFr*, c. 33, S. 174; *PTu*, S. 92; Die Erinnerung des Magnificat ist eindeutig.

139. *RA*, S. 245ef.

140. *RA*, S. 258fg.

141. *RM*, III, 15, S. 764e.

142. *GN*, IV, 16, S. 196–197.

143. Bartolf von Nangis, in: RHC, H. Occ., III, S. 499b; 501c.

144. Bartolf von Nangis, in: RHC, H. Occ., III, S. 501c.

145. *GN*, II, 7, S. 120.

146. *GFr*, c. 22, S. 118–124; *RM*, S. 813–814.

147. *GFr*, c. 22, S. 122.

148. *RA*, S. 281 und 288; *PTu*, S. 65, scheint nur an eine Version des Pseudo-Methodius zu denken.

149. Brief des Patriarchen von Jerusalem und anderer Bischöfe, griechische und lateinische, an die Abendländer, geschrieben im Januar 1098 vor den Mauern von Antiochia: Hagenmeyer 1901, Nr. IX, S. 147.

150. *GFr*, c. 29, S. 154; *PTu*, S. 69.

151. *RA*, S. 290cf.

152. *RA*, S. 245a; *GN*, VI, 8, S. 240.

153. *RA*, S. 241a.

154. *RA*, S. 240ef.

155. *RA*, S. 296.

156. *RA*, S. 300.

157. *GFr*, c. 34–35, S. 180–192.

158. *RA*, S. 259a.

159. *RA*, S. 264a.

160. *FC*, I, 25, S. 353–354.

161. Montpellier, FM 142 (Bourgogne, zweites Viertel des 12. Jahrhunderts), f° 67v°.

162. Königliche Bibliothek, 76 F 5, f° 1r°.

163. Hagenmeyer 1901, Nr. XV, S. 160; Bartolf von Nangis (RHC, H. Occ., III, S. 503). Vgl. *RA*, S. 259c.

164. La Conquête de Jérusalem, Gesang 2, V. 842–885; a. a. O., S. 32–33 und 37–38.

165. Willelmi Tyrensis archiepiscopi Chronicon, VIII, 5 (CCCM, 63), S. 390.

166. RA, S. 298.

167. Willelmi Tyrensis archiepiscopi Chronicon, VIII, 5 (CCCM, 63), S. 390

168. GFr, c. 37–38, S. 194–206.

169. RA, S. 293. Radulf von Caen läßt die Lobrede der noblen Abstammung des Tankreds vom Eremiten halten (RC, c. 113, S. 685).

170. RA, S. 293–294a.

171. RA, S. 297d.

172. FC, I, 27, S. 358c und 359a.

173. Vgl. das Gebet von Mordechai, Ester 13,17.

174. RA, S. 298b–299h.

175. RA, S. 300ab.

176. RA, S. 300bd.

177. Conquête de Jérusalem, Gesang V, S. 177.

178. Haec dies quam fecit dominus, exultemus et laetamur in ea: RA, S. 300.

179. RA, S. 300h.

180. GFr, c. 37–39, S. 194–208.

181. Peregrinationes tres. Saewulf, John of Würzburg, Theodericus, hg. v. R. B. C. Huygens, Turnhout (Brepols) 1994 (CCCM, 139), S. 124–125.

182. Robert Irwin, »Islam and the Crusaders«, in: Oxford Ill. Hist., S. 217–218.

183. Robert Irwin, a. a. O., S. 218.

184. RM, I, 1, S. 728bc.

185. RM, IX, 26, S. 882d.

186. Radulf von Caen, c. 29, S. 327, vergleicht Robert von Flandern und Hugo den Großen mit Roland und Oliver, die »man wiedergeboren glaubte, das Schwert schwingend und die Lanze stoßend« (Flori, S. 78).

187. Vgl. Les Croisades, S. 176–177.

BILDQUELLEN